AF573279

MATTHIAS MROSS

WER 1 UND 1 ZUSAMMENZÄHLT ...

Geschichten aus der Welt der Zahlen und der Bibel

MATTHIAS MROSS

WER 1 UND 1 ZUSAMMENZÄHLT ...

Geschichten aus der Welt der Zahlen und der Bibel

Matthias Mross
Wer 1 und 1 zusammenzählt ...
Geschichten aus der Welt der Zahlen und der Bibel

Best.-Nr. 271 726
ISBN 978-3-86353-726-5
Christliche Verlagsgesellschaft Dillenburg

Es wurde folgende Bibelübersetzung verwendet:
NeÜ bibel.heute,

1. Auflage

www.cv-dillenburg.de

In Kooperation mit dem Verband evangelischer
Bekenntnisschulen e.V. (VEBS)
www.vebs-online.de

Satz und Umschlaggestaltung:
Christliche Verlagsgesellschaft Dillenburg
Umschlagmotive: © shutterstock/Arak Rattanawijittakorn (Jongleur);
© freepik.com (Zeichnungen), macrovector (Post-it)

Druck: GGP Media GmbH, Pößneck
Printed in Germany

DANK

Die vorliegenden Geschichten haben ihre Form im Klassenzimmer bekommen. Deshalb bedanke ich mich ganz herzlich bei meinen Schülern fürs Zuhören und die reichlichen Gesprächsbeiträge. Euer Interesse war für mich ein enormer Motivationsfaktor, Euer Feedback ist immer wieder in die Texte eingeflossen.

Ebenso dankbar bin ich für die Diskussionen mit meinen Kollegen von der Fachschaft Mathematik der Freien Evangelischen Schule Lörrach. Manchmal waren es nur ein paar Sätze zwischen zwei Unterrichtsstunden, die zu einer neuen Idee führten. Insbesondere hat sich Frau Dr. Elena Frenkel die Zeit genommen, das Manuskript Korrektur zu lesen und auf fachliche Richtigkeit zu prüfen. Ein ganz herzliches Dankeschön dafür!

Besonderer Dank gebührt Sebastian Engelhardt. Er hat sich immer wieder mit meinen „literarischen Produktionen" auseinandergesetzt und mich ermutigt, an den Zahlengeschichten weiterzuarbeiten. Ohne ihn wäre dieses Buch nie zustande gekommen.

Ich freue mich, dass sich die CV Dillenburg bereit erklärt hat, es zu veröffentlichen!

INHALT

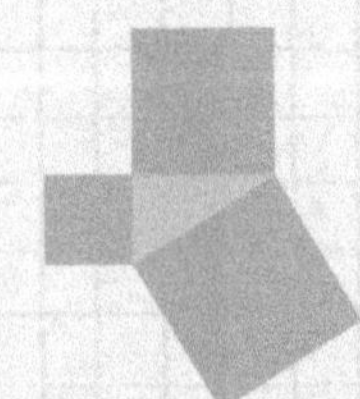

68089

86098

69096

1 + 2 + 3 + 4 + 5 + ... + 96 + 97 + 98 + 99

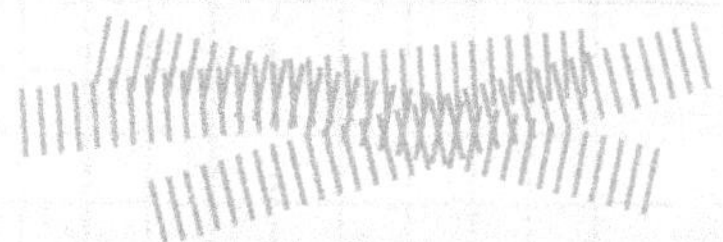

EINLEITUNG

An unserer Schule beginnen wir den Tag mit einer Andacht. Das können ein paar besinnliche Gedanken sein, Worte, die das Leben in einem anderen Licht erscheinen lassen und uns helfen, wenn wir nicht mehr weiterwissen. Viele Andachten haben Gott zum Thema. Wir fragen nach Gottes Plan für uns, fragen, wie wir ihn besser verstehen und uns ihm nähern können.

Lang sind diese Andachten in der Regel nicht, die meisten dauern höchstens fünf Minuten. Natürlich gibt es Lehrer, die mal die Zeit vergessen und reden, reden, reden ... Viele formulieren ihre Gedanken frei, andere lesen Texte vor. Es können auch Gedichte, Liedverse, Bildbetrachtungen oder kurze Videos sein. Besonders beliebt sind Geschichten. Gut erzählte Geschichten erlebt man in der Vorstellung mit; wir versetzen uns in die handelnden Personen und vergessen dabei, was um uns herum passiert. Außerdem kann eine Geschichte helfen, schwierige Gedankengänge zu verstehen und sie sich einzuprägen.

Auch ich liebe Geschichten, und da ich Mathelehrer bin, kam mir die Idee, meine Andachtsgeschichten mit Mathematik zu verknüpfen. Natürlich sollte damit nicht der Unterrichtsstoff vorweggenommen werden. Die Schüler sollten die Geschichten genießen, ohne mit komplizierten Formeln konfrontiert zu werden oder befürchten zu müssen, dass das Thema der Andacht Gegenstand eines Tests werden würde.

Wozu das Ganze? Nun, ich bin der Überzeugung, dass uns die Mathematik auch über die Mathematik hinaus eine Menge zu sagen hat. Mathematik steckt in Natur und Technik, sie ist da, oft ohne dass wir es merken. So hat Galileo Galilei schon vor 400 Jahren gesagt: „Mathematik ist das Alphabet, mit dessen Hilfe Gott das Universum beschrieben hat.“

Das ist längst nicht alles! Ohne Mathematik gäbe es keine Computer, der Vermessungsingenieur braucht sie ebenso wie der Statistiker und der Maschinenbauer. Manche betreiben Mathematik einfach nur, weil sie sie schön finden, andere reizt es, sich an mathematischen Problemen den Verstand zu schärfen.

Ich habe mich also in den verschiedenen mathematischen Disziplinen nach geeigneten Themen umgesehen, habe den Schülern Geschichten

daraus erzählt und versucht, eine Brücke zum Leben und dem christlichen Glauben zu schlagen. Sicher, die Schüler waren überrascht über diese Art Andacht. „Ist unser Lehrer jetzt übergeschnappt?", wird sich manch einer gefragt haben. Doch bald kamen positive Reaktionen, die Schüler beteiligten sich an den Diskussionen, steuerten wertvolle Gedanken bei und ermutigten mich weiterzumachen.

Aus der so entstandenen Sammlung an Texten habe ich einige für dieses Buch ausgewählt. Es sind alles Geschichten, in denen Zahlen die Hauptrolle spielen – und Menschen, die sich um Zahlen kümmern, denen der Umgang mit Zahlen wichtig ist wie anderen der Sport oder die Musik, die sich freuen, wenn in einem Gespräch viele Zahlen vorkommen, und die herausfinden möchten, welche Gesetze in der Welt der Zahlen herrschen.

Es sollen keine langwierigen Abhandlungen sein; in jeder Geschichte werden nur ein, zwei mathematische Überlegungen vorkommen – und ein, zwei geistliche Wahrheiten, die man daran verdeutlichen kann. Man muss auch nicht immer alles verstehen. Manche Geschichte wird mehr Fragen aufwerfen als Antworten liefern, und es ist gut, wenn solche Fragen weiter in uns arbeiten. Wer weiß, vielleicht wird eines Tages jemand von uns ganz überraschend eine Lösung finden.

Lasst uns nun also mit den Zahlengeschichten auf Entdeckungsfahrt gehen! Ich bin sicher, dass die Reise spannend werden wird!

Herr, danke, dass unsere Welt so vielfältig und interessant ist! Danke für die Geschichten, an denen wir uns erfreuen dürfen! Gib, dass wir das Rechte daraus lernen!

Sollen die Geschichten im Schulunterricht verwendet werden, kann man sich ungefähr an dieser Schwierigkeitseinteilung orientieren:

- Kaum mathematische Vorkenntnisse (Unterstufe) sind nötig bei den Kapiteln 1–7, 10, 13 und 26.
- Etwas mehr mathematische Vorkenntnisse (Mittelstufe) sind nötig bei den Kapiteln 8, 9, 11, 12, 14–18, 20 und 25.
- Noch mehr mathematische Vorkenntnisse (Mittelstufe) sind nötig bei den Kapiteln 19 und 21–24.

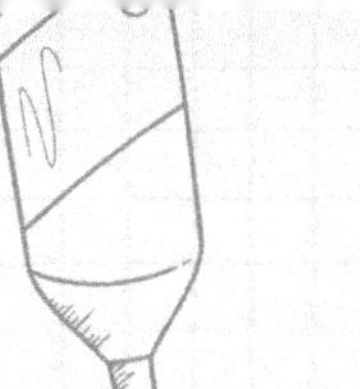

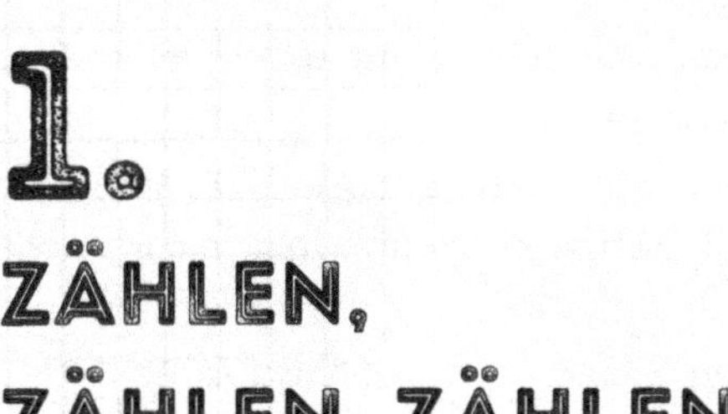

1. ZÄHLEN, ZÄHLEN, ZÄHLEN …

Kannst du dich an deine erste Reise in die Welt der Zahlen erinnern? Oder hast du schon mal Kinder beobachtet, die diese Reise gerade antreten?

Nehmen wir den kleinen Beni Frischmann. Beni lernt Zählen. Zuerst, indem er einfach nachplappert: „Eins, zwei, drei, vier …“, ohne viel Verständnis. Dabei kommt es vor, dass er Zahlen vergisst oder vertauscht: „Fünf, sechs, acht, neun, sieben, zehn.“

Doch irgendwann begreift er, worum es geht, und er nähert sich beim Zählen der Zahl 20. Ja, nachdem es ihm seine Mutter erklärt hat, kommt er auch darüber hinaus. Er zählt Legosteine, Menschen, vorbeifahrende Autos, und manchmal zählt er einfach so, ohne dass es um irgendwelche Gegenstände geht. Eines Tages schafft er es bis zur Zahl 39. Große Frage: Was kommt danach?

„Soll ich es dir sagen?“, fragt Mama.

„Nein, warte …“ Beni überlegt. „Ist es 40?“

„Richtig! Du bist aber schlau.“

„Und nach 40 kommt 50.“

„So ist es!“

Beni hat das Konstruktionsprinzip kapiert: In kleinen Einerschritten geht es aufwärts, zehn Einerschritte ergeben einen Zehner, und das ist schon ein richtiger Sprung. Beni zählt: „50, 60, 70, 80 …“ Es dauert nicht lange, da nimmt Beni auch die Hürde von 99 zu 100. „Jetzt kann ich zählen, so weit ich will; ich kann Zahlen zusammenbasteln, die ich vorher noch nie gesehen habe.“

Beni ist sich seiner Sache sicher, er braucht Herausforderungen.

„Mama, bis wohin soll ich zählen?“

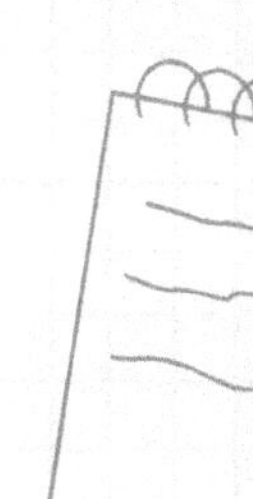

„Zähl bis 153!"

Damit ist er eine Weile beschäftigt.

Auch seinem Vater zählt Beni vor. „Das geht ja flott bei dir! Jetzt zähle bitte, wie viele Kartoffeln wir noch haben!"

Beni steigt in den Keller hinab und führt den Auftrag aus. „Es sind 52."

„Und wie viele Eier sind im Kühlschrank?" Beni schaut nach: „Acht Stück."

„Gut, das reicht für einen Kuchen. Siehst du, wie nützlich Zählen ist?"

Nicht nur Vater und Mutter, auch seine Schwester beeindruckt Beni mit seiner Kunst.

„Kannst du wirklich bis über 1000 zählen?", fragt Paula. „Bitte mach es mir vor!" Beni geht ans Werk. Paula liegt im Bett und hört beeindruckt zu. Beni zählt, bis sein Mund trocken ist. „Es wird noch eine Weile dauern", sagt er beim Atemholen.

„Das ist egal. Mach weiter! Es ist so schön."

Beni gibt sich alle Mühe. Zwischendurch überspringt er ein paar Zahlen, manchmal ganze Zehnerblöcke, um schneller vorwärtszukommen. Nachdem er „777" gesagt hat, macht er eine Pause. Er hört, dass Paula tief und fest schläft, wo es doch sonst so schwierig ist, das Mädchen ruhig zu kriegen! Ja, Zählen ist wirklich eine nützliche Sache.

ZUM WEITERDENKEN

- Natürlich dient das Zählen nicht nur dazu, die kleine Schwester in den Schlaf zu wiegen oder den Eltern zu sagen, wie viele Eier noch im Kühlschrank sind. Wann und wo zählst du noch?
- Ja, das Leben wäre ziemlich umständlich ohne Zahlen. Stelle dir einen Schulausflug vor mit einem Lehrer, der nicht zählen kann!
- Fast alle Menschen sind in der Lage, das Sprechen und dann auch das Zählen zu lernen. Woher kommt diese Fähigkeit?
- So wie man im Deutschunterricht nicht einfach nur spricht, sondern auch über die Regeln der Sprache nachdenkt, so denkt man im Mathematikunterricht über das Zählen und die Eigenschaften der Zahlen nach. Indem wir das tun, erforschen wir Gottes Geschenk an uns.
- Versuche mal, die Haare auf deinem Kopf oder dem von Mama oder Papa zu zählen! Ganz schön schwierig. Aber Gott kennt dich so gut,

dass er weiß, wie viele Haare du hast! Ein beruhigender Gedanke, nicht wahr? „Und selbst die Haare auf eurem Kopf sind alle gezählt. Habt also keine Angst!“ (Lukasevangelium 12,7).

Danke, Herr, dass ich über die Dinge dieser Welt nachdenken, über sie reden und sie zählen kann! Die Haare auf meinem Kopf aber, den Sand am Meer und die Sterne am Himmel kann ich nicht zählen. Ja, es gibt Dinge, für die ich kaum Worte finde und über die ich einfach nur staunen kann. Hab auch dafür Tausend Dank!

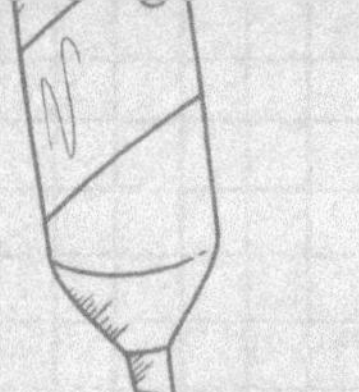

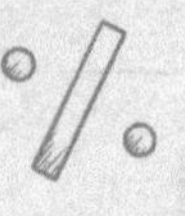

2. MAMAS GELDBÖRSE

Schon lange fragt sich Beni, wie es in Mamas Geldbörse aussieht. Sie ist schwer und prall – was für Schätze müssen darin sein! Einmal, als Mama in einem Geschäft etwas bezahlt, steht Beni ganz nahe dabei und sieht es im Bauch der Börse funkeln: kupferne und goldene Cent-Münzen, silberne Ein- und Zwei-Euro-Münzen. Beni verspürt große Lust, dies alles einmal in die Hand zu nehmen.

„Darf ich das Geld zählen?", fragt er, als sie zu Hause sind. Ja, er darf! So schüttet er den Inhalt der Geldbörse auf den Tisch und staunt. So reich ist Mama! Nun aber muss er Ordnung in den Haufen bringen. Er sortiert die Münzen nach ihrem Wert, errichtet kleine Stapel, die er in Reih und Glied aufstellt. Dann wird abgezählt und zusammengerechnet: 18 Euro 75. „Werde ich auch einmal so viel Geld besitzen?", fragt sich Beni.

Nach einigen Tagen schickt Mama Beni mit Geldbörse und Notizzettel zum Einkaufen. Eine große Verantwortung für den Jungen! Stolz spaziert er die Dorfstraße entlang, biegt ab und kommt zum Lebensmittelgeschäft. Die Verkäuferin geht die Liste durch und hilft beim Zusammensuchen der Waren. Am Schluss packt sie alles in die Einkaufstasche.

„Das macht 6 Euro 95." Jetzt kann Beni zeigen, was er geübt hat: Er öffnet die Geldbörse, holt die passenden Münzen heraus und bezahlt. Ja, das kann er! Und er ist auch stark genug, die volle Tasche nach Hause zu tragen. Mama ist sehr zufrieden über die Erledigung des Auftrags, streichelt Beni über den Kopf und lobt ihn.

Immer wieder wird Beni zu Besorgungen losgeschickt. Einmal kommt ihm folgender Gedanke: „Solange ich die Geldbörse habe, darf ich über sie bestimmen. Ich muss aufpassen, was hinein- und was hinausgeht und wofür das Geld verwendet wird. Wenn mir etwas Wichtiges einfällt, das

nicht auf dem Einkaufszettel steht, darf ich es selbstständig kaufen. So wie die Erwachsenen. Mama hat mir die Geldbörse gegeben, damit ich vernünftig mit ihr umgehe."

Kaum steht Beni im Laden, weiß er auch schon, was er braucht. „Noch einen Schokoriegel, bitte", sagt er zur Verkäuferin. Sie holt das Gewünschte und legt es zuoberst in die Einkaufstasche. Beni bezahlt alles und nimmt es mit. So einfach ist das!

Unterwegs überlegt Beni: „Mama wird sich über den Schokoriegel doch ein wenig wundern. Es wird nicht einfach sein, ihr zu erklären, warum ich ihn gekauft habe. Am besten, ich esse ihn gleich auf. Ich hab ja auch einen Bärenhunger!"

So öffnet er die Verpackung und stopft sich den Riegel in den Mund. Als er zu Hause ankommt, ist alles vertilgt. „Danke, mein Junge", sagt Mama und nimmt die Einkaufstasche in Empfang. „Du bist mir eine große Hilfe." Dass der Einkauf heute etwas mehr gekostet hat, merkt sie nicht. Schließlich zählt Mama ihr Geld nie nach.

Was einmal klappt, klappt auch ein zweites Mal. Immer wieder kauft sich Beni so eine „kleine Belohnung", manchmal auch mehrere. Da gibt es leckere Kaubonbons, Waffeln mit Haselnussfüllung, Marzipankartoffeln oder ein Überraschungsei. Mit Genuss isst er die Süßigkeiten auf dem Nachhauseweg auf.

Eines Tages – Beni hat sich beim Einkaufen wieder zusätzliche Leckereien ausgesucht – bemerkt er, dass die Geldbörse nicht so voll ist wie sonst. Tatsächlich reichen die Münzen zum Bezahlen nicht aus. Zum Glück ist noch ein 50-Euro-Schein da, den Beni der Verkäuferin reicht. Die Verkäuferin schaut in ihre Kasse. „Tut mir leid, mir ist gerade das Wechselgeld ausgegangen. Wenn du es nicht passend hast, kannst du ja ein andermal bezahlen. Ich werde es mir notieren."

Damit hat Beni nicht gerechnet, und es gefällt ihm gar nicht, dass die Verkäuferin seine Süßigkeiten mit anschreibt. Soll er sie lieber zurückgehen lassen? Doch das würde nur zeigen, dass etwas nicht stimmt, und so lässt er es bleiben. Er nimmt den unbezahlten Einkauf mit vor die Ladentür und fragt sich, was er machen soll. Nun, am besten das, was er immer macht: die Süßigkeiten auspacken und verspeisen. Aber irgendwie wollen sie ihm heute nicht schmecken.

„Ich muss später noch mal in den Laden", erklärt Beni zu Hause seiner Mutter, „wenn du mir das passende Kleingeld gibst."

„Das habe ich gerade auch nicht", sagt sie. „Wir werden es später erledigen."

Am Nachmittag fährt Mama mit dem Auto weg, um auswärts Besorgungen zu machen. Beni bleibt im Kinderzimmer und spielt. Dann kommt Mama wieder und bereitet das Abendbrot zu. Bei Tisch sagt sie: „Ich war eben noch im Dorfladen, um unsere Schulden zu begleichen. Auf der Rechnung standen auch Schokolade und Gummibärchen. Hat sich die Verkäuferin vertan oder hast du das wirklich mit eingekauft?"

Beni bekommt einen roten Kopf. Auf einmal steht ihm deutlich vor Augen, dass er seine Mutter betrogen hat.

„Ja", stottert er, „ja, das habe ich."

„Aber mit Süßigkeiten hatte ich dich doch gar nicht beauftragt!"

„Ich ... ich hatte plötzlich so einen Hunger darauf."

„Lieber Beni", sagt Mutter, „es ist nicht recht, dass du dir heimlich etwas nimmst. Ich habe diese Dinge jetzt bezahlt, und damit soll es gut sein. Aber wenn du das nächste Mal etwas für dich brauchst, dann sag es mir bitte vorher!"

Beni nickt. Ja, daran will er sich halten.

„Aber was denkt Mama jetzt von mir?", fragt er sich. „Wird sie mich je wieder mit ihrer Geldbörse losschicken?"

Ja, das tut sie. Nach ein paar Tagen soll Beni wieder ins Lebensmittelgeschäft gehen. Aber seltsam, er verspürt gar keinen Appetit mehr auf Süßigkeiten. Er kauft das ein, was auf dem Einkaufszettel steht, nicht mehr und nicht weniger. Er ist eben doch ein großer Junge geworden! Mama hat recht, dass sie ihm weiterhin vertraut, auch ohne Nachzählen.

ZUM WEITERDENKEN

- Ist es dir auch schon passiert, dass du etwas verheimlichen wolltest und es dann ganz überraschend ans Licht kam?
- „Unsere Sünden liegen offen vor dir; was wir versteckt haben, bringst du ans Licht." (Psalm 90,8)
- Wie findest du die „Erziehungsmethode" von Benis Mutter? Wie hättest du an ihrer Stelle reagiert?
- Benis Mutter ist streng, aber auch geduldig. Vielleicht erinnert sie sich dabei an eigene Fehler. Sie ist bereit, die Schulden ihres Kindes mit zu

bezahlen und einen Neuanfang zu wagen. Was für eine großartige Erfahrung: Mutter steht zu mir, sie macht es wieder gut!

→ Angesichts der Tatsache, dass Jesus unsere Schuld bezahlt hat, will auch ich mein Verhalten überdenken und ihm meine Fehler bekennen.

Herr, obwohl ich schon so oft versagt habe, darf ich dein Mitarbeiter sein. Danke für deine unendliche Geduld mit mir!

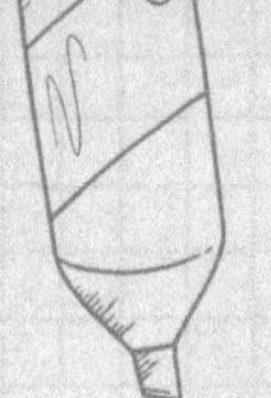

3. BETEN UND ZÄHLEN

Draußen ist es dunkel. Mama kommt ins Zimmer und setzt sich zu Beni an die Bettkante.

„Vor dem Einschlafen“, sagt sie, „wollen wir noch ein Gute-Nacht-Gebet sprechen. Lass uns Gott für den Tag danken und um eine erholsame Nachtruhe bitten.“ Also falten sie die Hände, und Mama spricht:

„Müde bin ich, geh zur Ruh,
schließe meine Augen zu.
Vater, lass die Augen dein
über meinem Bette sein.“

Beni hört gut zu und sagt am Schluss laut: „Amen.“

So geht es alle Abende. Auch nach anstrengenden Tagen, wenn es Ärger gab, wenn Beni etwas angestellt hat – Mama kommt vor dem Schlafengehen zu ihm und betet: „Müde bin ich, geh zur Ruh.“ Dieses Gebet ist ein fester Teil des Tagesablaufes.

Doch eines Tages hat Mama keine Zeit für Beni. Sie muss sich um seine Schwester kümmern. Nun, Beni ist ein großer Junge geworden, er sagt: „Ich kann alleine ins Bett gehen.“ So verabschiedet er sich von seinen Eltern und verschwindet im Kinderzimmer.

Als er im Bett liegt, denkt er: „Das mit dem Gute-Nacht-Gebet bekomme ich auch ohne Mama hin. Sie hat es mir ja oft genug vorgesagt.“ Er faltet die Hände, konzentriert sich und spricht: „Müde bin ich, geh zur Ruh …“ Er kann alles auswendig, und er betet es nun jeden Abend alleine.

Eines Tages blättert Beni in einem Gesangbuch. Er findet dort sein Gute-Nacht-Gebet abgedruckt und stellt fest, dass es noch weitere Strophen gibt. „Mama hat also etwas weggelassen!“ Er liest sich alles aufmerksam durch, so oft, bis er es auswendig weiß. Noch am gleichen Abend fügt er das Neugelernte seinem Gebet an. „Vier Strophen sind schließlich besser als eine“, sagt er sich.

Etwas später stößt er auf ein anderes Gedicht:

„Weißt du, wie viel Sternlein stehen
an dem blauen Himmelszelt?
Weißt du, wie viel Wolken gehen
weithin über alle Welt?
Gott, der Herr, hat sie gezählet,
dass ihm auch nicht eines fehlet
an der ganzen großen Zahl –
an der ganzen großen Zahl.“

„Das passt!“, denkt Beni, besonders, weil das Gedicht in der zweiten Strophe von den Tieren spricht, die Gott gezählt hat und mit Namen ruft, und in der dritten Strophe von den Kindern. Beni nimmt es in sein Abendgebet auf.

Zwei Gebete mit mehreren Strophen, da dauert das Beten schon eine ganze Weile. Doch das stört Beni nicht. Er sieht es nun mal als seine Aufgabe an, diese Worte zu sprechen, außerdem sind es schöne Worte, die ihn beruhigen. Sollte er das Beten einmal vergessen – etwa wenn es abends spät wird oder wenn er bei einem Freund übernachtet – holt er es so bald wie möglich nach. Sonst würde ihm etwas fehlen.

„Überhaupt“, denkt er, „doppelt genäht hält besser.“ Er macht es sich zur Gewohnheit, seine Gebete zweimal durchzusprechen und so Versäumtes bereits im Voraus nachzuholen. Ja, manchmal geht er sie sogar drei- oder viermal durch. „Ich möchte Gott eine Freude damit machen“, sagt er sich. Das kann natürlich richtig anstrengend sein, besonders wenn man müde ist. Um sich beim Beten nicht zu vertun, zählt Beni mit den Fingern mit.

Was würde Mama wohl sagen, wenn sie erfährt, was Beni aus ihrem kleinen Gebet gemacht hat? Und was denkst du darüber? Und Gott?

ZUM WEITERDENKEN

- Hast du zum Beten auch eine bestimmte Tageszeit und einen bestimmten Ort? Gehst du auch nach einem festgelegten Ablauf vor?
- Was hilft dir, dich auf das Gebet zu konzentrieren und dich an alles zu erinnern, wofür du beten wolltest?
- Katholiken verwenden als Gebetshilfe gerne den Rosenkranz. Andere machen es ähnlich wie Beni und verwenden die Finger oder gar die einzelnen Fingerglieder. Jedem Fingerglied ordnen sie ein Gebet zu. Beim Beten tasten sie dann die Fingerglieder ab und sprechen die Worte, die dazu gehören.
- Aber muss das Beten immer ordentlich und vollständig sein? Ist es gut, wenn wir unsere Gebete zählen? Kennst du Beispiele für ein Beten, das ganz anders ist?
- „Betet immerzu!" (1. Thessalonicherbrief 5,17)
- „Und betet dabei zu jeder Zeit mit jeder Art von Gebeten und Bitten in der Kraft des Heiligen Geistes." (Epheserbrief 6,18)
- „Beim Beten sollt ihr nicht plappern wie die Menschen, die Gott nicht kennen. Sie denken, dass sie erhört werden, wenn sie viele Worte machen. Macht es nicht wie sie! Denn euer Vater weiß ja, was ihr braucht, noch bevor ihr ihn bittet." (Matthäusevangelium 6,7-8)

Herr, danke für Gedichte und Liedverse, mit denen wir dich anbeten dürfen. Danke, dass uns schöne Worte, Reime und Strophen helfen, uns zu konzentrieren, und dass auch Zahlen da sind, damit wir nichts von unseren Anliegen vergessen. Bitte gib, dass trotz all dieser Dinge du der Mittelpunkt meines Gebets bleibst.

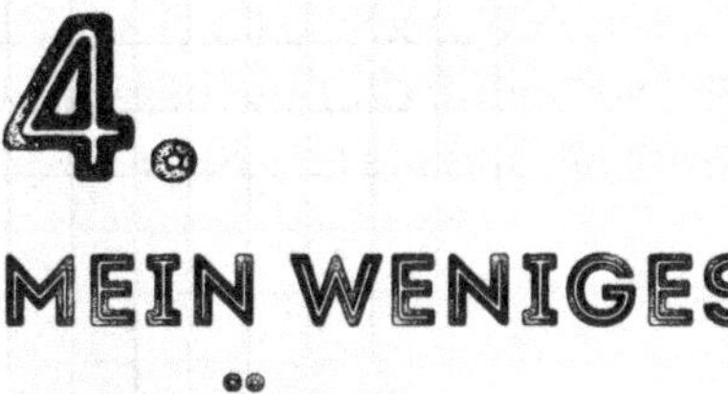

4. MEIN WENIGES GENÜGT

Was für eine praktische Sache das Zählen doch ist! Nehmen wir einmal an, der Lehrer will seine Klasse für die fleißige Mitarbeit belohnen und jedem Schüler ein Eis spendieren. Du nimmst die Bestellung auf: elfmal Schokoladeneis, siebenmal Erdbeereis, viermal Vanille. Wie außer durch Zählen könntest du die Wünsche deiner Kameraden erfüllen?

Die Jünger Jesu waren einmal in einer ähnlichen Lage. Ihr Meister wollte, dass sie eine Menschenmenge aus über 5000 Familien mit Nahrung versorgten. Was für eine Herausforderung! Hier war methodisches Vorgehen gefragt, und so machten die Jünger erst einmal eine Bestandsaufnahme und zählten, was vorrätig war. Ergebnis: fünf Brote, zwei Fische und einige Geldmünzen. Angesichts des großen Bedarfs war das fast gar nichts.

Daran erkennen wir einen wichtigen Aspekt des Zählens: festzustellen, wie arm wir sind und wie gering unsere Möglichkeiten angesichts der großen Not der Menschen. Zählen lehrt Bescheidenheit und führt uns zur Erkenntnis, dass es ohne Gottes Eingreifen nicht geht.

Du kennst die Fortsetzung der Geschichte bestimmt. Jesus weist seine Jünger an, eine Teilung durchzuführen und Ordnung in den Haufen zu bringen. Man lagert sich in Gruppen von 50 bis 100 Personen und ist so bereit, die Segnungen Gottes zu empfangen. Erwartungsvoll schauen alle auf Jesus, der Brote und Fisch nimmt, zum Himmel blickt, Gott für das Wenige, das da ist, dankt und austeilt. Jesus gibt, die Jünger nehmen und reichen weiter, alle bekommen etwas und werden satt.

Niemand hatte damit gerechnet, dass es an diesem Tag noch so eine üppige Mahlzeit geben würde. Staunend zählten die Leute noch

einmal – diesmal das, was übrig geblieben war. Dabei kam man auf sage und schreibe zwölf volle Körbe mit Brot.

Zählen gibt uns eine Ahnung vom unerschöpflichen Reichtum Gottes. Bei ihm ist kein Ding unmöglich, aus unserem Wenigen kann er so viel machen, dass es Vorrat für Wochen ergibt. Stellen wir Gott also unser Weniges vertrauensvoll zur Verfügung. Seine Möglichkeiten übersteigen jede menschliche Rechenkunst!

ZUM WEITERDENKEN

- Lies die Geschichte in Johannes 6,1-14 nach!
- Hast du schon einmal erlebt, wie aus wenig plötzlich ganz viel wurde?
- Kennst du Berichte von Menschen, die mit geringen Mitteln Großes zustande brachten, weil sie Gott vertrauten?
- „Und aus seinem Überfluss haben wir alle empfangen …" (Johannesevangelium 1,16)

Herr, lehre uns Bescheidenheit! Lehre uns erkennen, wie wenig wir haben, und lass uns dafür dankbar sein! Nimm mein Weniges in deine Hände und wirke Wunder damit!

5. ZÄHLEN IN DER BIBEL

Sei dankbar, dass du zählen kannst!

Wie hätte man Jericho einnehmen können, ohne zu zählen? Nicht durch Streitaxt oder Schwert wurde die Stadt erobert, sondern mit Geduld, Gottvertrauen und konzentriertem Zählen. Eine Woche lang mussten sich die Israeliten samt Priestern und Bundeslade auf den Weg machen, mussten jeden Tag einmal um die eindrucksvolle Stadtmauer ziehen, am siebten Tag sogar siebenmal. Siebenmal – da darf man nicht durcheinanderkommen, darf nicht mit Pfeil und Bogen herumspielen, sondern muss aufmerksam zählen.

Ähnlich erging es dem aussätzigen Feldherrn Naaman. Um geheilt zu werden, sollte er siebenmal im Jordan untertauchen. „Folge dem Prophetenwort!", rieten seine Diener, und so fing er an: „Eins ... zwei ..." Ja, dreimal untertauchen, das wäre eine übersichtliche Sache gewesen, aber Sieben ist schon eine ziemlich große Anzahl , die sich nicht auf einen Blick erfassen lässt. Zum Glück konnte Naaman zählen, und seine Diener werden ihn lauthals unterstützt haben.

Zählend den Auftrag Gottes erfüllen – das ist sonderbar, nicht wahr?

Auch Mose zählte – zählte das ganze Volk Israel, Stamm für Stamm. Diese Aktion nahm Tage in Anspruch, eine gute Organisation war nötig, Helfer mussten mitzählen und Zwischensummen bilden. Endlich lag das Ergebnis vor: 603 550. Und das waren nicht einmal alle, sondern nur die wehrfähigen Männer über 20. Diese Zahl gab dem Volk eine Vorstellung seiner Größe und damit das beruhigende Gefühl: „So viele sind wir!"

Natürlich beschränkt sich das Zählen nicht auf das eigene Heer. Wer schlau ist, schaut auch mal nach, wie stark der Gegner ist. Genau das tat

Gideon, als er die Midianiter aus dem Land vertreiben sollte. Aber ach, die waren zahlreich, wie Heuschrecken lagerten sie in der Ebene, ihre Kamele waren wie der Sand am Meer. Was konnte Gideon mit seinen gerade mal 32 000 Kriegern dagegen ausrichten? In Gottes Augen aber war Gideons Streitmacht noch zu groß. So wurde sie erst auf 10 000, dann auf 300 reduziert. Rechne aus, wie viel Prozent das sind! 300 – das war für Gott die ideale Anzahl zum Gewinnen der Schlacht. Manchmal ist weniger eben mehr!

Man kann's mit dem Zählen aber auch übertreiben. Was für Mose göttliches Gebot war, bedeutete bei König David Überheblichkeit. Fast ein Jahr lang ließ er sein Volk zählen, um am Schluss festzustellen: „Wir sind stark!" Diese Zählerei provozierte Gottes Zorn – David wurde bestraft.

Man zählt, was einem wichtig ist. Für Kaiser Augustus waren es die Steuerzahler des Römischen Reiches. Die Apostel hingegen zählten diejenigen, die durch die Verkündigung des Wortes Gottes zum Glauben kamen. Was für ein Wunder: Bereits am ersten Pfingsttag wurden 3000 Menschen dem Reich Gottes hinzugefügt.

Und was zählt Gott? Zur Zeit Elias wusste er genau, wie viele ihre Knie nicht vor dem Götzen Baal gebeugt hatten. Es waren 7000, und er teilte diese überaus beruhigende Zahl seinem Propheten mit. Ja, Zahlen können tröstlich sein und den Blickwinkel zurechtrücken.

Auch bei mir hört Gott mit dem Zählen nicht auf. Er weiß, wie es um mich und in mir aussieht. Alle meine Haare hat er gezählt, alle meine Tage sind in sein Buch geschrieben. Meine Sünden aber zählt er nicht und rechnet mir mein Versagen nicht an, wenn ich auf seinen Sohn Jesus Christus vertraue.

Das gibt mir Zuversicht, auch wenn ich vieles nicht verstehe. Gottes Gedanken sind, wie die Zahl der Sterne am Firmament, unfassbar. Dennoch finde ich bei ihm, dem Einen, dem unzählige Engel Tag und Nacht dienen, Geborgenheit.

ZUM WEITERDENKEN

- Findest du die im Text gemachten Anspielungen in der Bibel wieder?
- Wo noch in der Bibel wird gezählt? Wo in der Bibel spielen Zahlen eine Rolle?

- „Nicht alles, was zählt, kann gezählt werden, und nicht alles, was gezählt werden kann, zählt." (Albert Einstein)
- „Und bei euch sind selbst die Haare auf dem Kopf alle gezählt." (Matthäusevangelium 10,30)
- „So weit der Osten vom Westen entfernt ist, so weit schafft er unsere Schuld von uns weg." (Psalm 103,12)

Danke, Herr, dass du mich kleine Nummer wertachtest! Danke, dass mich große Zahlen nicht zu schrecken brauchen!

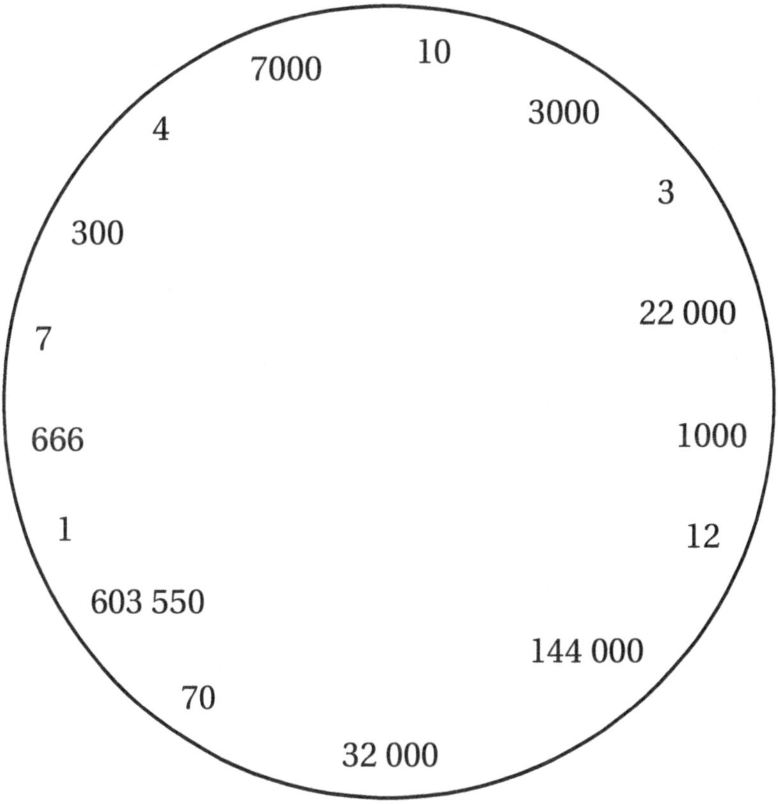

10

7000

3000

4

3

300

22 000

7

666

1000

1

12

603 550

144 000

70

32 000

6.

FLÜGELSCHLÄGE ZÄHLEN

Aus der Tierwelt

Wo würdest du lieber deine Ferien verbringen: auf Hawaii oder in Alaska? Nun, ich würde sagen: Alles zu seiner Zeit. Abwechslung tut gut. Darum eins nach dem anderen!

Fangen wir mit Alaska an und stellen uns die im Norden des Landes liegende Tundra vor. Da gibt es keine hohen Bäume, nur Heidegewächse und ein paar Sträucher. In der Erde herrscht ewige Kälte – Permafrost. Nun aber ist Frühling, an der Oberfläche taut der Boden langsam auf, Gräser und Kräuter blühen, durch die Luft schwirren Insekten. Und da ist auch schon der Eisfuchs! Mit knurrendem Magen spaziert er über die Ebene, hält Ausschau nach einem Sonntagsbraten.

Endlich entdeckt er was! Durchs Gras hüpft ein Vogel, etwa so groß wie eine Taube. Aber es ist ein unbeholfenes Hüpfen, eigentlich torkelt er nur, geht im Zickzack ziellos umher, fällt auch mal hin und rafft sich nur mühsam wieder auf. „Der kann nicht mehr", denkt der Fuchs, „und darum schnapp ich ihn mir. So eine leichte Beute findet man selten." Er läuft darauf zu, setzt zum Sprung an – da flattert der Vogel davon.

Verdutzt schaut ihm der Fuchs nach. Wer wagt es, ihn so zu täuschen? Nun, an seinem unverwechselbaren Gesang erkennt man ihn, den Goldregenpfeifer. Jetzt fliegt er zu seiner Partnerin, dem Goldregenpfeifer-Weibchen, die in einer Mulde auf ihrem Nest sitzt. Damit der Fuchs nicht auf dumme Gedanken kommt und sich an den Eiern vergreift, hat ihn der raffinierte Vogel in eine andere Richtung gelockt.

Das Bebrüten des Geleges dauert fast einen Monat, und da ist es gut, dass sich die Vögel die Arbeit teilen. Mal sitzt das Weibchen in der Mulde, mal das Männchen. Dann passiert etwas: Die Eier bekommen Risse, ihre

Schalen zerbrechen, und ins Sonnenlicht schlüpfen vier Goldregenpfeifer-Küken. Jedes bringt einen kräftigen Appetit mit! Bei unseren heimischen Singvögeln ist es ja so, dass die Kleinen einfach ihre Schnäbel öffnen und damit ihren Eltern sagen: „Stopft was hinein!" Bei Goldregenpfeifern ist das anders. Die Jungen müssen rechtzeitig an das harte Leben in der Tundra gewöhnt werden, und so gehen die Eltern einfach voran und zeigen, wo es Nahrung gibt: „Hier eine Beere. Dort ein Wurm. Dahinten krabbeln ein paar Käfer." Die Kleinen sehen es und picken die Leckerbissen auf.

Sollte mal ein kalter Wind aufkommen, dann nehmen die Eltern ihre Küken unter die Fittiche und wärmen sie. Doch die Jungen wachsen, werden schwerer und können bald selbst ihre Körpertemperatur aufrechterhalten. Außerdem lernen sie das, was jeder Vogel können muss: Fliegen.

Da passiert es: „Auf Wiedersehen", rufen Vater und Mutter und erheben sich in die Lüfte.

„Aber wo wollt ihr denn hin?", fragen die Jungen. „Nehmt uns mit!"

„Nein, das geht nicht. Die Reise dauert zu lange, ihr seid noch zu schwach. Ihr müsst hierbleiben und erst mal richtig erwachsen werden. Dann könnt ihr nachkommen." Mit diesen Worten fliegen die Alten davon. Sie fliegen in den warmen Süden nach Hawaii.

Die Jungen nehmen ihre Aufgabe ernst. Beim Abflug ihrer Eltern wiegen sie etwa 130 Gramm, also so viel wie eine halbe Packung Butter. Nun aber verschlingen sie, was ihnen vor den Schnabel kommt; sie suchen überall nach Nahrung und fressen sich in den nächsten Wochen ein zusätzliches Fettpolster von 70 Gramm an. Das ist eine Gewichtszunahme von über 50 Prozent! Außerdem werden ihre Brust-, das heißt ihre Flugmuskeln, mit der Zeit immer kräftiger. Bald kann das Abenteuer gewagt werden!

Es braucht allerdings einiges an Mut, um so mir nichts, dir nichts ins Unbekannte zu fliegen. Niemand ist da, der den Neulingen den Weg erklärt. Wie sollen sie in der Weite des Pazifischen Ozeans eine kleine, 4500 Kilometer entfernte Insel finden? Was passiert, wenn sie sich im Weg irren? Es gibt keine Stelle, um einen Zwischenhalt einzulegen – es geht um alles oder nichts. Wenn die Vögel Hawaii verfehlen, bedeutet es den Tod durch Ertrinken.

Die Goldregenpfeifer wissen aber auch, dass sie in Alaska nicht bleiben können. „Bald ist der Sommer vorbei. Einen Winter in dieser Gegend würden wir nie überleben. Wir müssen dahin, wo unsere Eltern sind. Dort

wird es uns gut gehen." Wie sie sich das sagen, spüren sie, dass es klappen kann. Etwas ist in ihnen, ein untrüglicher Instinkt, der ihnen die Richtung weist.

Die Vögel machen sich also auf den Weg. Doch alle Zielstrebigkeit und auch die hervorragendste Flugtechnik würden nichts nützen, wenn sie sich nicht an eine gewisse Ordnung halten würden. Diese Ordnung heißt Formation. Einer fliegt hinter dem anderen, die Stärksten vorne, um den Luftwiderstand zu brechen. Das Ganze sieht ungefähr aus wie ein Keil, und das Unternehmen kann nur gelingen, wenn die Vögel zusammenhalten und sich gemäß ihren Fähigkeiten einreihen.

Je nach Windverhältnissen fliegen sie auf Höhen von bis zu 6000 Metern. Dabei behalten sie eine Geschwindigkeit von ziemlich genau 51 Kilometern pro Stunde bei. Wären sie langsamer, würden sie zu viel Zeit brauchen und unterwegs verhungern – wie ein Auto, dem das Benzin ausgeht, weil es mit zu niedriger Drehzahl fährt. Wären sie schneller, würden sie wegen der hohen Luftreibung zu viel Energie verschwenden. Doch sie bleiben bei dem, was sie instinktiv wissen. Diszipliniert, mit gleichmäßigem Flügelschlag kämpfen sie gegen Wind und Wetter an und erreichen nach einem Nonstop-Flug von drei Tagen und vier Nächten völlig erschöpft, aber überglücklich Hawaii. Hier können sie es sich viele Monate lang gut gehen lassen. Erst im nächsten Frühjahr müssen sie zurück nach Alaska, um dort Eier zu legen und Junge aufzuziehen.

☞ ZUM WEITERDENKEN

- „Aber frag doch das Vieh, das wird es dich lehren, die Vögel machen es dir bekannt." (Hiob 12,7)
- Was lehren uns die Goldregenpfeifer? Worin sind sie uns ein Vorbild?
- In dieser Geschichte stecken eine Menge Zahlen. Zahlen helfen uns, zu erkennen, wie wunderbar und weise Gott alles gemacht hat. An welche Zahlen aus der Geschichte kannst du dich erinnern?
- Der Goldregenpfeifer schlägt seine Flügel ungefähr zweimal pro Sekunde. Wie oft schlägt er sie auf seiner Reise von Alaska nach Hawaii? (Nimm dabei an, dass die Reise 88 Stunden dauert.)
- Der Goldregenpfeifer wiegt zu Beginn seiner Reise 200 Gramm, am Schluss nur noch 130 Gramm. Berechne, wie viel Prozent seines

Körpergewichtes er pro Flugstunde verbraucht. (Nimm dabei an, dass die Reise 88 Stunden dauert.)

Herr, ich staune über das, was du erschaffen hast. Lass mich mit offenen Augen deine Schöpfung betrachten und immer wieder daraus lernen.

INFORMATIONEN

- Die Goldregenpfeifer sind Meister im Langstreckenflug. Beim Pazifischen Goldregenpfeifer sind die Brutgebiete bis zu 13 000 Kilometer vom Winterquartier entfernt. Für solch einen langen Flug aber legen sie Pausen ein. (Siehe z. B. das Buch „Wie das Leben leben lernte“ von Helmut Tributsch)
- In ihrem Buch „Wenn Tiere reden könnten“ stellen Werner Gitt und Karl-Heinz Vanheiden neben dem Goldregenpfeifer auch andere Tiere mit erstaunlichen Fähigkeiten vor – Fähigkeiten, die auf einen Schöpfer hinweisen.

7. DER ZÄHLENDE RABE

Nicht nur die Menschen, so sagt uns die Wissenschaft, sondern auch Tiere sind in der Lage zu zählen. Leider machen sie aus ihrer Kunst ein Geheimnis, sodass niemand weiß, wie sie das anstellen.

Nehmen wir zum Beispiel die Raben. Immer wieder verblüffen uns diese Vögel mit ihrer Intelligenz, und da sie auch noch recht aufdringlich sein können, kriegt man sie schwer wieder los. Diese Erfahrung musste ein alter Schlossherr machen. In seinem Schlossturm, der etwas abseits im Park stand, hatte sich ein Rabe eingenistet. Er betrachtete den Turm als sein Zuhause, in dem er tun und lassen konnte, was er wollte – insbesondere alles verdrecken und zu ungelegener Zeit entsetzlich kreischen.

Dem Schlossherrn wurde das zu viel. Um dem Unwesen ein Ende zu bereiten, drang er mit einer Flinte bewaffnet in den Turm. Der Rabe aber hatte Lunte gerochen und war schnell in einen nahen Baum geflüchtet. Hier wartete er geduldig, und erst nachdem der Mann gegangen war, flog er zum Turm zurück.

Dem Schlossherrn wurde klar, dass man dem Eindringling nur mit einer List beikommen konnte. Einen Jäger hatte er erkannt und im Gedächtnis behalten – würde er das auch mit zweien schaffen? Der Schlossherr bat einen Freund um Hilfe und ging mit ihm in den Turm. Der Rabe, wie nicht anders erwartet, versteckte sich im Baum. Nach einer gewissen Zeit verließ einer der Männer den Turm, der andere blieb und wartete auf die Rückkehr des Vogels. Doch der ließ sich nicht täuschen. Er hatte alles genau beobachtet und wusste, dass noch jemand auf ihn lauerte. Er kehrte erst zurück, nachdem auch der zweite Jäger gegangen war.

„Bis wohin reicht wohl seine Zählkunst?“, fragte sich der Schlossherr. Sie rückten nun zu dritt an, doch das Tier ließ sich nicht übertölpeln. Seine Ausdauer war größer als diejenige des dritten Jägers, der stundenlang im Turm auf Anschlag saß. Also musste der Schlossherr das Aufgebot nochmals erhöhen. Aber auch als die Jäger zu viert anmarschierten, gelang die List nicht.

War nun das Tier durch seine Erfolge unvorsichtig geworden oder hörte sein Zahlenverständnis tatsächlich bei vier auf? Denn nachdem fünf Jäger in den Turm gegangen und nach und nach vier davon wieder abgezogen waren, wähnte sich der Rabe in Sicherheit und flog zu seinem Nest. Der zurückgebliebene Schütze hatte nun leichtes Spiel und erlegte den Störenfried.

Merke: Raben fängt man, indem man sich ihre mangelnde Schulbildung zunutze macht. Wer vier und fünf nicht voneinander unterscheiden kann, ist eine leichte Beute. Studiere also fleißig, damit du die Tücken dieser Welt durchschaust!

Merke aber auch: Irgendwann ist jeder mit seiner Weisheit am Ende. Auch für dich, der du über mehr Kenntnisse als ein Vogel verfügst, besteht kein Grund zum Übermut. Manchmal lauern Gefahren auf uns, die selbst bei bester Analyse der Situation kaum erkennbar sind.

ZUM WEITERDENKEN

- Bist du auch schon einmal auf die Nase gefallen, obwohl du dir vorher alles gut überlegt hattest und sicher warst, dass es klappt? Was war da schiefgegangen? Haben dir wichtige Informationen gefehlt? War es eine Kleinigkeit, an die du nicht gedacht hattest?
- „Vertraue Jahwe von ganzem Herzen und stütze dich nicht auf deinen Verstand!“ (Sprüche 3,5)

Herr, du mutest uns immer wieder verwickelte Lebenslagen zu. Gib uns Weisheit, damit wir uns zurechtfinden! Lass uns mit Gottvertrauen hindurchgehen!

INFORMATIONEN

- Über das Zahlenverständnis von Tieren gibt es verschiedene Untersuchungen. Die Geschichte vom Raben hat sich angeblich tatsächlich so zugetragen. Siehe das empfehlenswerte Buch „Universalgeschichte der Zahlen" von Georges Ifrah.

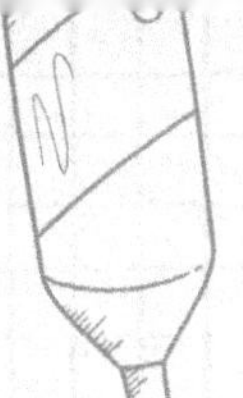

8. DIE ZWILLINGE

Bei einem seiner Pflegeheimbesuche ließ der Neurologe Oliver Sacks eine Schachtel Streichhölzer fallen: eine große Schachtel, deren Inhalt nun verstreut auf dem Boden lag. Zufälligerweise saßen die Zwillinge John und Michael in der Nähe. Wie aus der Pistole geschossen sagten sie im Chor: „111."

Oliver Sacks staunte über diese schnelle Reaktion, die sich offensichtlich auf die Anzahl der Streichhölzer bezog. Doch noch bevor er sich bücken konnte, um es zu überprüfen, murmelte John: „37." Michael fügte hinzu: „37." Und John sagte noch einmal: „37."

Es dauerte einige Zeit, bis Oliver Sacks die Streichhölzer gezählt hatte. Es waren tatsächlich genau 111. Und eine Kontrollrechnung ergab, dass diese Zahl in dreimal 37 zerlegbar ist.

Wie war es möglich, dass die Zwillinge das schlagartig erkannt hatten? Sie galten als stark geistig behindert, hatten beide die gleiche Hirnschädigung, waren zwergenhaft klein mit überproportionierten Köpfen, ihre Augen wurden durch Brillen erschreckend vergrößert. Bei Intelligenztests schnitten sie äußerst schlecht ab, und was das Erstaunlichste war: Sie konnten nicht einmal rechnen, waren unfähig, Operationen wie Addieren, Subtrahieren, geschweige denn Multiplizieren und Dividieren zu erlernen. Fehlte ihnen das nötige Abstraktionsvermögen? Dennoch hatten sie ein inniges Verhältnis zu Zahlen und wussten verblüffend viel über ihre Eigenschaften.

Eines Tages saßen die Zwillinge verträumt in einer Ecke. John sagte eine ziemlich große Zahl, Michael nickte, lächelte, ließ sich diese Zahl auf der Zunge zergehen. Dann war Michael dran, er sagte eine andere Zahl, die John seinerseits aufnahm, um sich an ihr zu erfreuen. So ging es hin und her, es war ein Zwiegespräch, das nur aus Zahlen bestand.

Oliver Sacks setzte sich stillschweigend hinzu. Er konnte sich keinen Reim darauf machen, verstand nicht, was die Zahlen bedeuteten und warum sich die Zwillinge darüber freuten. Es blieb ihm nichts anderes übrig, als sich die Zahlen zu notieren. Erst eine Untersuchung mithilfe eines Mathematikbuches brachte Licht in die Sache – es waren allesamt sechsstellige Primzahlen.

Woher aber wussten die Zwillinge, was Primzahlen sind? Kannten sie die Definition „Primzahlen sind Zahlen, die nur durch 1 und sich selbst teilbar sind"? Hatte ihnen jemand diese Zahlen verraten? Hatten sie sie auswendig gelernt oder selbst entdeckt? Dies schien geradezu unvorstellbar: Um zu kontrollieren, ob eine Zahl prim ist, muss eine große Menge an Divisionen durchgeführt werden – und genau das konnten die Zwillinge nicht. Auch gab es damals noch keine Computer, die ihnen bei dieser Aufgabe hätten helfen können. Welche Methode verwendeten die beiden?

Am nächsten Tag kam Oliver Sacks gut vorbereitet ins Heim. Mit seinem Buch, in dem Primzahlen aufgelistet waren, setzte er sich zu den Zwillingen, die schon wieder in einer Zahlenmeditation steckten. Als Oliver Sacks eine achtstellige Primzahl nannte, schwiegen sie erstaunt still. Über eine halbe Minute lang verzog keiner eine Miene – dann lächelten sie. Da hatte also jemand den Sinn ihrer Unterhaltung verstanden und ihnen eine Primzahl geliefert, die sie noch nicht kannten! Die beiden rückten etwas auf die Seite, um dem Neurologen Platz zu machen und mit ihm das Spiel fortzusetzen. John überlegte über fünf Minuten lang, dann nannte er eine neunstellige Primzahl. Etwas später meldete sich Michael ebenfalls mit einer neunstelligen Primzahl zu Wort. Nun ging Oliver Sacks zum Äußersten, was sein Buch hergab, nannte eine Primzahl mit zehn Stellen. Die Zwillinge nahmen den Ball auf. Nach konzentriertem Nachdenken tauschten sie Zahlen aus, die zwölf Stellen und mehr hatten. Ob sie alle Primzahlen waren? Oliver Sacks konnte es nicht mehr nachprüfen.

Die Zwillinge besaßen noch andere ungewöhnliche Fähigkeiten. So konnten sie zu jedem beliebigen Datum den Wochentag angeben. Mit dieser Kunst waren sie in den 60er-Jahren öfters in Talkshows des amerikanischen Fernsehens zu sehen. „Noch ein Datum!", riefen sie mit ihren monotonen, piepsigen Stimmen, wenn sie ein Problem gelöst hatten. „Noch ein Datum!"

Zahlen waren ihre Welt, ihr Leben. So wie sich andere Menschen an Gemälden oder Musik erfreuen, erfreuten sie sich an arithmetischer

Schönheit. Allerdings, wie sie sich Zahlen vorstellten und zu einem derartigen Zahlenverständnis kamen – trotz aller Vermutungen der Wissenschaftler bleibt es ein Geheimnis.

Als sie 37 Jahre alt waren, hielt man es für sinnvoll, die Zwillinge zur Erlangung von mehr sozialer Selbstständigkeit zu trennen. Jeder kam in eine andere Anstalt, lernte, einfache Tätigkeiten zu verrichten und sich selbst sauber und präsentabel zu halten. Damit fanden die brüderlichen Zahlengespräche ein Ende, ihre phänomenalen Fähigkeiten nahmen von Tag zu Tag ab, bis sie schließlich ganz normale „Behinderte" waren.

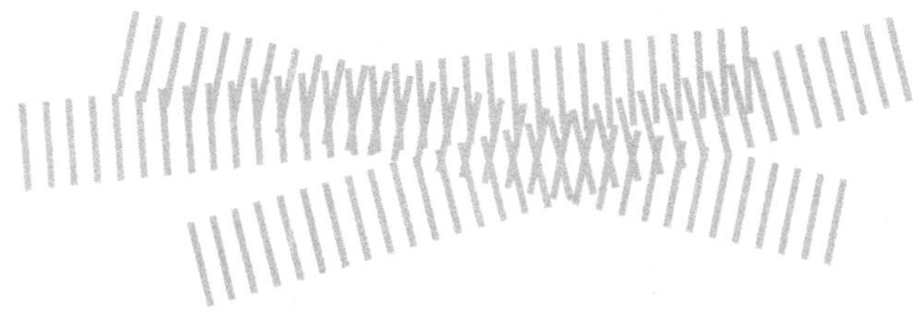

ZUM WEITERDENKEN

- Warum gibt es Menschen wie die Zwillinge, die ganz anders sind als wir? Was will uns Gott durch sie sagen? Was können wir von ihnen lernen?
- Was denkst du über die Trennung der Zwillinge?
- Was ist normal, was nicht?
- Kennst du Menschen, die etwas viel besser können als du und die du bestaunst?
- Kannst du etwas besser als andere, und obwohl es für dich die normalste Sache der Welt ist, wirst du dafür bewundert?
- „Denn du selbst hast mein Inneres gebildet, mich zusammengefügt im Leib meiner Mutter. Ich preise dich, dass ich so wunderbar und staunenswert erschaffen bin." (Psalm 139,13.14)

Herr, wunderbar und voller Geheimnisse hast du uns erschaffen. Gib, dass wir das Anderssein unserer Mitmenschen respektieren, ja, dass wir darüber staunen können!

INFORMATIONEN

→ Eine ausführliche Beschreibung und Analyse des Falles findet man in Oliver Sacks' Buch „Der Mann, der seine Frau mit einem Hut verwechselte“.

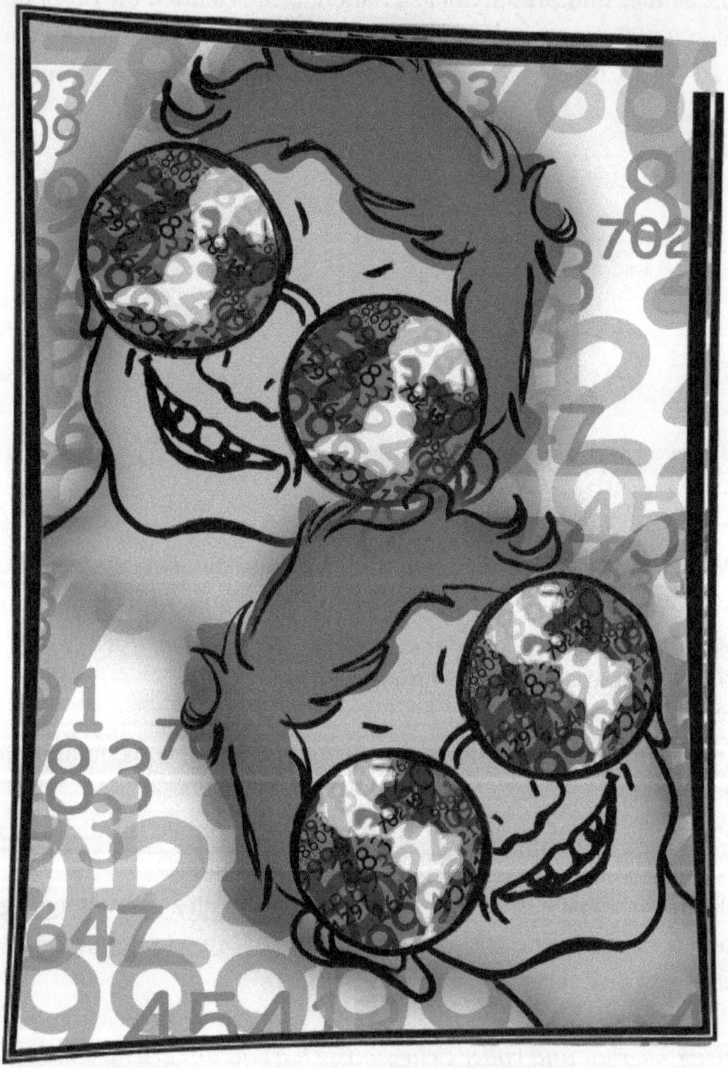

9. LIEBLINGSZAHL

Einer der größten Erfinder der Geschichte war Nikola Tesla, und das im wahrsten Sinne des Wortes: Mit seinen fast zwei Metern überragte er die meisten seiner Mitmenschen.

Schon als Kind zeigte er kreative Begabung, so etwa, als er einige Maikäfer lebendig an ein drehbar aufgehängtes Holzstück heftete. Wenn die Käfer nun versuchten loszukommen und dabei wild mit den Flügeln schlugen, drehte sich das Holz im Kreis herum. Das blieb Teslas Lebensaufgabe: die Kräfte der Natur umzuleiten und dem Menschen nutzbar zu machen.

Später erfand er Dinge, die entscheidend zum industriellen Fortschritt beitrugen, so den Drehstrommotor, den Tesla-Transformator und die Tesla-Turbine. Die Versorgung der Vereinigten Staaten mit Wechselstrom beruht im Wesentlichen auf Teslas Ideen; er entwickelte auch die Grundprinzipien der Radiotechnik und sah Dinge wie die drahtlose Übertragung von Bildern voraus.

Dabei war Tesla kein langweiliger Stubengelehrter. In eindrucksvollen Shows demonstrierte er Phänomene des elektrischen Stroms, ließ Blitze von mehreren Metern Länge durch den Saal zucken oder legte Spannungen von Tausenden von Volt an seinen Körper, der aufleuchtete wie eine Bogenlampe. Kein Wunder, dass manche in Tesla ein außerirdisches Wesen sahen.

Tatsächlich besaß der Erfinder Fähigkeiten, über die man sich nur wundern kann. So war Tesla ein ausgezeichneter Kopfrechner. Mit seinen hochsensiblen Ohren konnte er das Ticken einer Uhr durch mehrere Zimmer hindurch hören. Seine Vorstellungskraft ermöglichte es ihm, Maschinen zu entwickeln, ohne Pläne zeichnen zu müssen. Mit seinem inneren Auge sah er, wie sie funktionierten und wo Schwachstellen lagen. Hatte sich Tesla ein

Ziel gesetzt, konnte er mit großer Konzentration Tag und Nacht daran arbeiten. Es versteht sich von selbst, dass für Menschen, die nicht so schnell denken konnten wie er, die Mitarbeit nicht ganz einfach war.

Auch in manch anderer Beziehung war Tesla ein Sonderling: Er verabscheute den Geruch von Kampfer und Pfirsichen. Der Kontakt mit Menschenhaar war ihm zuwider. Er hasste glitzernde Gegenstände, Perlen und Ohrringe. Dagegen faszinierten ihn glatte Oberflächen und scharfe Kanten.

Tesla war stets mit einem vornehmen Anzug gekleidet. Die Vorstellung von Bakterien jagte ihm Angst ein. Bevor er im Hotel ein Essen einnahm, bestellte er 18 Servietten, mit denen er eigenhändig Besteck und Geschirr reinigte. Dies wurde zu einem festen Ritual. Wenn schließlich die Speisen vor ihm standen, berechnete er erst ihr Volumen, dann ließ er es sich schmecken.

Tesla wusste selbst, dass diese zwanghaften Verhaltensweisen nicht normal waren. In seiner Autobiografie berichtet er vom Bedürfnis, jede Tätigkeit zu einem Ende zu bringen. So hatte er einmal angefangen, ein Buch des französischen Philosophen Voltaire zu lesen, ohne zu wissen, dass dieser Mann ein Werk von hundert Bänden verfasst hatte. Auch wenn es ihn tödlich langweilte – Tesla las sie alle durch.

Dann gab es noch seine Vorliebe für die Zahl 3. Alles, womit er sich beschäftigte, musste durch drei teilbar sein. Wenn Tesla sich die Beine vertreten wollte und einmal um den Häuserblock gegangen war, so musste er dies noch ein zweites und ein drittes Mal tun, sonst hätte er diesen Vorgang nicht als abgeschlossen empfunden.

Tesla liebte das Schwimmen. Wenn er in Paris in die Badeanstalt ging, drehte er genau 27 Runden. Für seine Besteckreinigung brauchte er, wie gesagt, 18 Servietten, und die Nummer seiner Hotel-Suite im New Yorker Waldorf Astoria war natürlich auch durch drei teilbar.

Ja, Nikola Tesla war eine Zeit lang berühmt, seine Anwesenheit bei gesellschaftlichen Anlässen begehrt, er wurde gefeiert und angehimmelt. Doch diese Popularität nahm mit der Zeit wieder ab, manche seiner Projekte scheiterten, die Geldgeber ließen ihn sitzen. Er musste in ein billigeres Hotel ziehen, wo er weiter an verschiedenen, damals utopisch anmutenden Projekten arbeitete: einer universellen und jedem zugänglichen Energieversorgung, mit der Zeppeline innerhalb von drei Stunden den Atlantik würden überqueren können. Ein System zur Ortung verborgener

Dinge wie U-Boote. Eine Wunder-Waffe, die so effizient sein sollte, dass alle Länder ihre Feindseligkeiten sofort einstellen müssten.

Doch wer interessierte sich schon für so etwas? Ab und zu kam der Reporter einer Zeitschrift vorbei, um sich solche Geschichten anzuhören, sonst aber wurde der Besuch rar. Seine besten Freunde in jener Zeit waren – obwohl diese Vögel nicht gerade für Reinlichkeit bekannt sind – Tauben. Täglich ging er zu ihnen in den Park, fütterte sie, und wenn er eine fand, die krank war oder sich verletzt hatte, nahm er sie mit nach Hause und pflegte sie gesund.

Langsam ließ die Energie des großen Erfinders nach. Die Nummer des Hotelzimmers, in dem Tesla am 7. Januar 1943 starb, war 3327. Er wurde 86 Jahre alt – beinahe hätte er ein durch drei teilbares Alter erreicht.

☞ ZUM WEITERDENKEN

- Viele technische, wissenschaftliche oder künstlerische Errungenschaften haben wir eigenartigen Menschen zu verdanken. Kennst du Beispiele?
- Warum war es gerade die Drei, die Tesla so begeisterte? Wo finden wir diese Zahl noch?
- Hast du auch eine Lieblingszahl? Welche Zahlen begeistern dich?
- Welche Zahlen spielen in der Bibel eine Rolle? Kommt da auch irgendwo die Drei vor?
- Die einen sagen: „Doppelt genäht hält besser", die anderen: „Aller guten Dinge sind drei." Doch Gott ist in seinem Handeln nicht an Zahlen gebunden. Mit jedem Menschen geht er andere Wege. Darum finden wir in folgendem Vers, der von göttlicher Rettung spricht, auch nur eine ungefähre Angabe: „Ja, das alles tut Gott zwei- und dreimal mit dem Mann, um sein Leben vom Grab abzuwenden" (Hiob 33,29.30).
- Aufgrund von Teslas Aussagen behaupten manche, dass nur mit den Zahlen Drei, Sechs und Neun die Rätsel des Universums lösbar seien. Wir sollten mit solchen Spekulationen vorsichtig sein. Auch wenn diese Zahlen beim Aufbau der Welt eine gewisse Rolle spielen – andere Zahlen tun das auch.

Lieber Herr, danke, dass ich mich an Zahlen erfreuen darf! Gib bitte, dass ich sie nicht zu wichtig nehme und nie vergesse, dass du über allem stehst!

INFORMATIONEN

- Zu seinem 100. Geburtstag bekam Tesla eine besondere Ehrung: Die Einheit der magnetischen Flussdichte wurde nach ihm benannt. Ein Tesla ist somit eine Voltsekunde pro Quadratmeter.
- Auch für andere Dinge ist Tesla Namensgeber, so für die „Tesla Incorporated", ein amerikanisches Unternehmen, das Elektroautos produziert. Das Modell 3 zählt zu den meistverkauften Elektroautos weltweit.
- In seiner Autobiografie „Meine Erfindungen" beschreibt Nikola Tesla auch seine skurrilen Eigenarten.

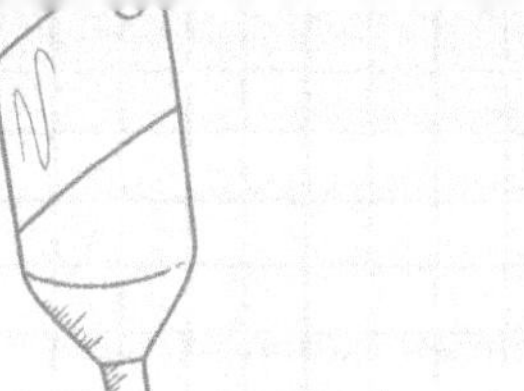
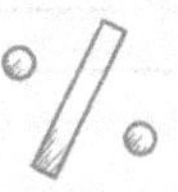

10. SCHNAPSZAHL

Neulich nach der Chorstunde fuhr mich mein Mitsänger Hans-Gerd mit seinem schicken Audi nach Hause. Die Probe der Bach-Kantate war etwas konfus gewesen, und Hans-Gerd, seit jeher ein Freund von übersichtlichen Verhältnissen, wurde dadurch ziemlich aus dem Gleis geworfen. Dass viele der Sänger das hohe Dis nicht getroffen hatten, war schon ein schlimmes Vorzeichen gewesen. Nach einem falschen Einsatz der Bässe waren die Stimmen dann heillos durcheinandergeraten. Die meisten sangen zwar in der Hoffnung, das Ganze noch zu einem guten Ende zu bringen, tapfer weiter – Hans-Gerd aber ließ die Noten sinken. Er wollte nicht mehr.

Ähnlich erging es ihm jetzt auf der Dorfstraße, wo einige gedankenlos abgestellte Autos unsere Durchfahrt behinderten. „Wozu gibt es markierte Parkplätze?“, entrüstete er sich. „Doch nicht, um daneben zu parken!“

Ich versuchte, ihn zu trösten: „Der Tag war lang. Wir alle sind müde und begehen Fehler. Es wird Zeit, dass wir ins Bett kommen.“

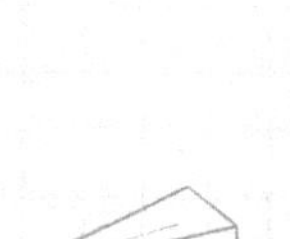

Hans-Gerd murmelte etwas Unverständliches, das kaum Zustimmung bedeuten konnte, um auf einmal in einen Freudenruf auszubrechen. „Schau dir das an!“

„Was ist denn los?“

„Hier, das Armaturenbrett! Es ist genau 22:22 Uhr. So viele Zweier im Display sind selten. Zufällig habe ich gerade hingeschaut ...“

„Und das versetzt dich derart in Ekstase?“

„Dich etwa nicht? Dieser Moment kommt am Tag nur einmal vor und dauert gerade mal eine Minute. Wollen wir ihn genießen!“

Hans-Gerd verlangsamte das Tempo.

„Was machst du denn? Du bist gerade an unserem Haus vorbeigefahren.“

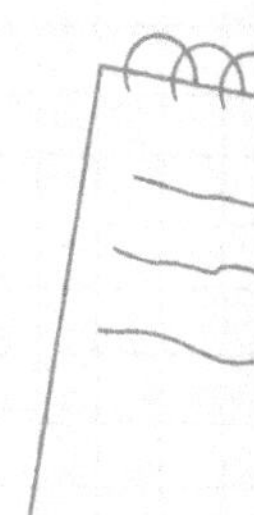

„Ist das denn wichtig? Siehst du es nicht? Zur Uhrzeit haben wir jetzt auch die passende Geschwindigkeit: 22 Kilometer pro Stunde. Das macht zwei zusätzliche Zweier!"

Ich kannte Hans-Gerd schon ein wenig und hatte mich an seine zwanghaften Verhaltensweisen gewöhnt. Alles kontrollierte er doppelt – ob die Tür abgeschlossen war, ob die Briefmarke richtig klebte. Seine Jacke hängte er stets in absoluter Symmetrie über den Stuhl und stellte seine Tasche im rechten Winkel aufs Parkett. Alles musste übersichtlich und geordnet sein. Aber sein Hang zu Schnapszahlen war mir neu.

Jetzt tuckerte er also mit konstanter Geschwindigkeit an einer Häuserreihe vorbei, zeigte lächelnd auf eine Einfahrt. „22" glänzte dort deutlich sichtbar die Hausnummer.

Ja, Hans-Gerd war glücklich, dass jetzt zahlenmäßig alles übereinstimmte: Uhrzeit, Geschwindigkeit, Hausnummer. Die vergangenen Misserfolge, die Last des Tages waren weit weggerückt, alles schien im Lot zu sein. Mit der Ordnung der Zahlenwelt war auch die Ordnung seiner Seele wiederhergestellt.

ZUM WEITERDENKEN

- Kennst du Leute, die sich an Zahlenmustern und anderen regelmäßigen Formen erfreuen?
- Warum wählen sich Menschen als Autokennzeichen oder Hochzeitsdatum eine Schnapszahl aus?

- In welchen Situationen hast du das Gefühl, dass du ganz „du selbst“ bist?
- Überlege, was deiner Seele guttut! Es muss ja nicht so etwas Exotisches sein wie Schnapszahlen. Liebst du Musik, schöne Fotos oder Blumengestecke? Sagst du dir gerne Liedverse oder Bibeltexte auf? Gönne dir solche Momente der Ruhe und des Aufgehobenseins in einer anderen Welt und lass dich durch argwöhnische Blicke nicht stören!
- „Wenn ein Mensch isst und trinkt und etwas Gutes sieht, dann ist das bei all seiner Mühe doch auch eine Gabe Gottes.“ (Prediger 3,13)

Danke, Herr, dass du uns auf verschiedenste Art und Weise immer wieder zur Ruhe führst!

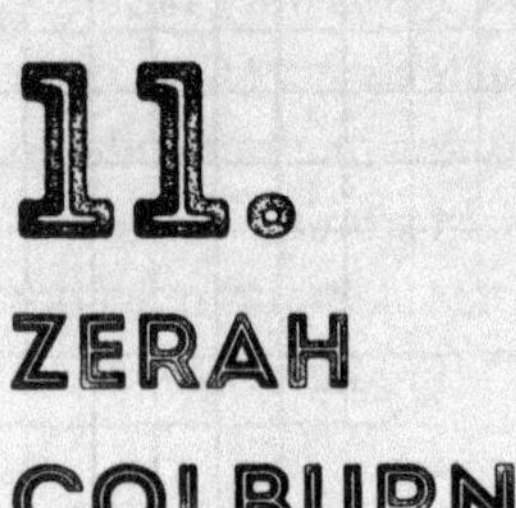

11. ZERAH COLBURN

Zerahs Eltern waren einfache Fabrikarbeiter im amerikanischen Bundesstaat Vermont. Sie arbeiteten hart, um ihren sechs Kindern ein klein wenig Wohlstand zu ermöglichen. Zerah, der Jüngste, schien im Vergleich zu den anderen zurückgeblieben zu sein. Möglicherweise war er geistig behindert. Aber im August des Jahres 1810 machte sein Vater eine seltsame Entdeckung. Der sechsjährige Zerah spielte auf dem Boden mit Holzplättchen und murmelte dazu: „5 mal 7 ergibt 35; 6 mal 8 ergibt 48“, und so weiter.

„Eigenartig“, dachte der Vater, „er ist doch gerade erst seit einigen Wochen auf der Distriktschule. Wie soll er das so schnell gelernt haben? Plappert er es etwa seinen Geschwistern nach?“

Der Vater unterbrach seine Arbeit, um Zerah zu befragen. Zu seiner Verblüffung fand er heraus, dass sein Sohn das kleine Einmaleins mühelos beherrschte. „Was ergibt 13 mal 97?“, fragte er, um herauszufinden, wie weit seine Kenntnisse gingen. „1261“, war die prompte Antwort. Da verstand der Vater, dass etwas Ungewöhnliches eingetreten war. Ja, sagte er später, wenn jemand plötzlich vor seinen Augen aus dem Boden gefahren wäre – er wäre nicht erstaunter gewesen.

Ein Nachbar kam herein, erfuhr von der außergewöhnlichen Fähigkeit des Kindes, prüfte sie und war genauso erstaunt. Er erzählte es weiter, und bald wusste das ganze Dorf davon.

Was macht man nun aus solch einer Fähigkeit? Wie sollte es weitergehen? Vater Colburn, der von akademischen Angelegenheiten kaum Ahnung hatte, verstand, dass er Hilfe brauchte. Er reiste in die nächstgelegenen Städte, wo angesehene Persönlichkeiten – Richter und

Professoren – seinem Sohn auf den Zahn fühlten. Manchmal versuchten sie, dem Kind mit eigenartig formulierten Aufgaben eine Falle zu stellen. „Was ist größer: 2 mal 25 oder 2 mal 5 plus 20? Was ist mehr: sechs Dutzend Dutzende oder ein halbes Dutzend Dutzende?" Der Sechsjährige durchschaute, worum es ging, und antwortete richtig. Dann kam jemand auf die Idee zu fragen: „Wie viele schwarze Bohnen ergeben fünf weiße?" Das brachte Zerah nicht in Verlegenheit. „Fünf, wenn man die schwarzen schält." Aber auch rein mathematische Probleme wie Dreisatzaufgaben oder das Ziehen von Quadrat- und Kubikwurzeln – nachdem man ihm erklärt hatte, worum es dabei ging – löste der Junge mit Leichtigkeit.

In New Hampshire lebte ein Herr A. B. Esquire. Der war, wie manch ein von der Aufklärung geprägter Mensch, Deist. Das bedeutet, dass er nicht an Gott glaubte – zumindest nicht in dem Sinne, dass Gott irgendeinen Einfluss auf das Geschehen in der Welt hat und sich uns offenbart. Alles, was passiert, so dachte er, sei aus den Gesetzen der Natur ableitbar, für alles gebe es eine natürliche Erklärung.

Dieser Mann nun hörte von Zerah Colburn – wahrscheinlich hatte er in der Zeitung von dem Wunderkind gelesen. „Das kann nicht sein", sagte er, „es widerspricht jeglicher Vernunft, dass ein Sechsjähriger solche mentalen Leistungen vollbringt. Entweder ist es ein Gerücht oder es steckt ein Trick dahinter." Also ging er hin, um sich die Sache anzusehen. Und tatsächlich, es war kein Gerücht: Zerah meisterte im Handumdrehen die kompliziertesten Berechnungen.

„Wie viel ergibt 12 225 mal 1223?" – „14 951 175."

„Was ist das Quadrat von 1449?" – „2 099 601."

„Aus wie vielen Sekunden bestehen 2000 Jahre?" – „Das macht soundso viele Tage, soundso viele Stunden, soundso viele Minuten, also insgesamt 63 072 000 000 Sekunden."

A. B. Esquire verbrachte eine schlaflose Nacht. „Es gibt also Dinge, die wir mit den Gesetzen der Wissenschaft nicht erklären können, die übernatürlich sind. Es gibt Wunder, wie sie auch in der Heiligen Schrift bezeugt werden." Der Mann ging mit großer Ehrlichkeit in sich, verwarf schließlich seinen ungläubigen Standpunkt und wurde Christ.

Was sollte nun mit Zerah geschehen? Verschiedene Leute versprachen, sich um den Jungen zu kümmern und seine Ausbildung zu finanzieren. Aber irgendwie wollte die Sache nie recht klappen. Entweder war der Vater nicht bereit, sich von seinem Sohn zu trennen, oder er

hoffte, anderswo bessere Bedingungen zu finden. Immer wieder schlug er Angebote aus und reiste weiter. Das benötigte Geld wurde mit der Vermarktung von Zerahs Rechenkunst verdient. Herr Colburn mietete Säle an, und wie im Zirkus die Akrobaten ihre Kunststücke zeigen, so rechnete Zerah dem Publikum vor. Die Aufgaben, die man ihm stellte, wurden mit der Zeit immer schwieriger, die behandelten Zahlen immer größer, Zerah dabei immer besser. Man fragte ihn nach der Quadratwurzel aus 106 929 oder der dritten Wurzel aus 268 336 125 – bevor die Leute diese Zahlen notieren konnten, hatte er bereits die Antwort parat. Es heißt sogar, dass es ihm gelang, die Fermatsche Zahl $2^{2^5} + 1$ in Primfaktoren zu zerlegen. Würde aus ihm auch eines Tages ein großer Mathematiker werden?

Vater Colburn und Sohn zogen weiter nach Boston, Washington, New York. Überall erregte Zerahs Rechenfähigkeit Aufsehen. Sie nahmen ein Schiff nach Europa, bereisten England, Schottland und Irland. Dort lieferte sich der Junge einen Rechenwettkampf mit dem späteren Physiker Hamilton und gewann. Schließlich gelangten sie nach Paris. Es war nun an der Zeit, sich um die Ausbildung des mittlerweile zehnjährigen Jungen zu kümmern. Außer Kopfrechnen konnte er ja nur etwas Lesen und Schreiben. Zerah bekam erst einen Privatlehrer, dann durfte er das Lycée Napoléon besuchen.

Was waren wohl seine liebsten Fächer? Nun, Mathematik auf dem Papier – Rechnen mit Buchstaben, Geometrie und so weiter – fand er zwar recht amüsant, es war aber doch nicht das Gleiche wie Kopfrechnen. Viel mehr interessierten ihn Sprachen. Er machte rasche Fortschritte in Französisch und lernte auch ein wenig Deutsch.

Nach 18 Monaten verließen die beiden völlig verarmt Paris und kamen wieder nach London. Der Vater machte sich ernsthaft Gedanken über Zerahs Zukunft und schlug ihm vor, Schauspieler zu werden. Zerah war bereit, die Sache auszuprobieren, musste sich aber nach einigen Versuchen auf der Bühne eingestehen, dass er dazu kein Talent hatte. Das war ehrlich! Und so fand er das, was er konnte und ihm Spaß machte: Er wurde Lehrer für Sprachen – erst in London und nach dem Tod des Vaters in Amerika.

Lehrer für Sprachen? Und was wurde aus seiner Rechenkunst? Nun, es hat den Anschein, dass diese mit der Zeit versiegte. Sie hatte ihm genützt, um bekannt zu werden, in der Welt herumzukommen und berühmte

Leute zu treffen. Nun aber, da er etwas anderes gefunden hatte, brauchte er sie nicht mehr – vergleichbar einem Sportler, der in jungen Jahren seine Medaillen gewinnt, später aber etwas anderes macht. Und Zerah war zufrieden damit!

Dann gewann noch etwas in seinem Leben an Wichtigkeit: der Glaube an Gott und den Erlöser Jesus Christus. Zerah war, wie gesagt, ein ehrlicher Charakter. Er las die Bibel und andere christliche Literatur und erforschte sich dabei selbst. Schließlich schloss er sich der methodistischen Kirche an und begann, selbst Bibelstunden zu halten und als Wanderprediger umherzuziehen.

Eine Frau hatte einmal gemeint: „Dieser Junge wird eines Tages Licht in die komplizierten Zusammenhänge der biblischen Prophetie bringen, wird ausrechnen, wann bestimmte Ereignisse stattfinden werden.“ Nichts dergleichen passierte. Zu so etwas fühlte sich Zerah nicht berufen. Ihm ging es einfach darum, seinen Heiland zu bezeugen.

Ein andermal, als ihn jemand fragte, wie er bei seinen Berechnungen vorgehe und woher seine Ergebnisse kämen, antwortete Zerah: „Das hat mir mein Schöpfer in den Kopf gelegt – leider kann ich es nicht in den Ihren legen.“ Zerah verstand das Wunder seiner Rechenkunst also als Hinweis auf Gott, den Geber aller guten Gaben. Diesem Geber gefiel es, Zerah noch in jungen Jahren zu sich zu nehmen. Noch bevor er 35 Jahre alt wurde, starb er.

ZUM WEITERDENKEN

- Kennst du Menschen, die sehr gut im Kopfrechnen sind? Haben sie dir schon mal gesagt, wie sie das machen?
- Was müsstest du tun, um ein guter Kopfrechner zu werden?
- Stell dir vor, man könnte eines Tages wissenschaftlich erklären, wie Zerah Colburn so schnell rechnen konnte. Wäre seine Geschichte dann nicht mehr so interessant? Könnte man dann immer noch von einem Wunder sprechen?
- Der indische Evangelist Sadhu Sundar Singh war beeindruckt davon, dass der junge Zerah nicht erklären konnte, wie ihm die Rechenergebnisse kamen, und meinte:

„Genau so offenbart Gott denen, die nach seinem Willen zu leben versuchen, Geistes-Wirklichkeiten." (Sadhu Sundar Singh, Gesammelte Schriften, herausgegeben von Friso Melzer, S. 313)

Tausche dich mit Freunden oder Klassenkameraden über diesen Vergleich aus!

→ Ihr könnt in euer Gespräch auch den Vers aus Jakobus 1,17 einbeziehen: „Vom Vater der Himmelslichter kommen nur gute und vollkommene Gaben."

Danke, Herr, dass du auch mir Gaben geschenkt hast. Hilf mir bitte, sie zu erkennen und für dich einzusetzen!

INFORMATIONEN

→ Obwohl dem kleinen Colburn die Rechenergebnisse auf unerklärliche Weise in den Kopf kamen, konnte er später auch Regeln und Rechentricks angeben. Diese hat er in seiner Autobiografie „A Memoir of Zerah Colburn" beschrieben.

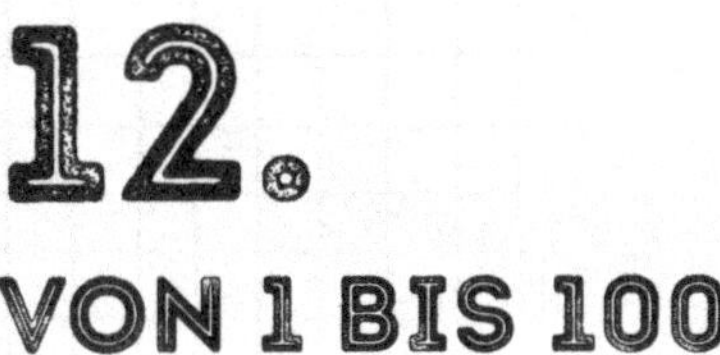

12. VON 1 BIS 100

Der kleine Carl war nicht nur lebendig und umtriebig – damit wäre der Lehrer schon fertiggeworden –, sondern auch äußerst intelligent. Was macht man mit einem Kind, das alle Antworten sofort weiß? Kaum wurde eine Rechenaufgabe gestellt, schon schoss Carl mit der Lösung hervor – mit der korrekten Lösung, wohlgemerkt.

„Ich muss diesen Schüler beschäftigen“, dachte der Lehrer, „am besten mit einer Aufgabe, deren Lösung viele Rechenschritte benötigt.“

Also gab er ihm auf, sämtliche Zahlen von 1 bis 100 zusammenzuzählen.

Nun, der Lehrer hätte ihn genauso gut alle Zahlen zwischen 1 und 1000 zusammenzählen lassen können – für Carl hätte es keinen wesentlichen Unterschied gemacht.

„5050“, sagte er wie aus der Pistole geschossen.

„Was sagst du? 5050?“

„Jawohl. Die nächste Aufgabe, bitte!“

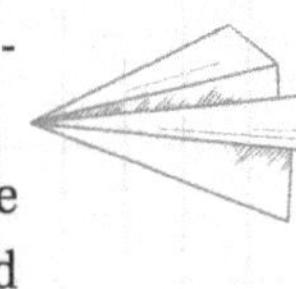

Das Ergebnis war richtig, und du fragst dich sicher, wie Carl das angestellt hatte.

Klar, mit einem Trick! „Ich könnte brav von vorne beginnen“, dachte Carl, „und 1 plus 2 rechnen, zum Ergebnis dann 3 addieren, dann 4 und so weiter. Aber das ist doch langweilig! Warum nicht andersherum vorgehen? Wenn man die erste und die letzte Zahl, also 1 und 100, zusammenzählt, kommt 101 raus. Nimmt man die zweite und die vorletzte Zahl, also 2 plus 99, erhält man auch 101. So könnte man weitermachen: 3 plus 98, 4 plus 97, 5 plus 96 ... Das sind insgesamt 50 Paare, die jeweils 101 ergeben.“ Carl lächelte vergnügt: „Diese Einsicht erspart mir eine Menge Arbeit. Statt einen Haufen Additionen durchzuführen, rechne ich einfach 50 mal 101. Das geht viel schneller, und das Ergebnis ist das Gleiche: 5050.“

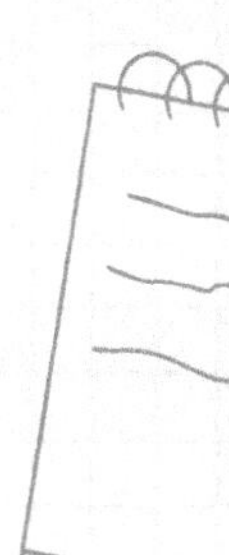

Klingt plausibel, nicht? Man muss nur draufkommen. Aber für ein Genie ist das eine Kleinigkeit, und Carl war ein Genie. Er hieß mit vollem Namen Carl Friedrich Gauß und wurde zum einfallsreichsten Mathematiker aller Zeiten.

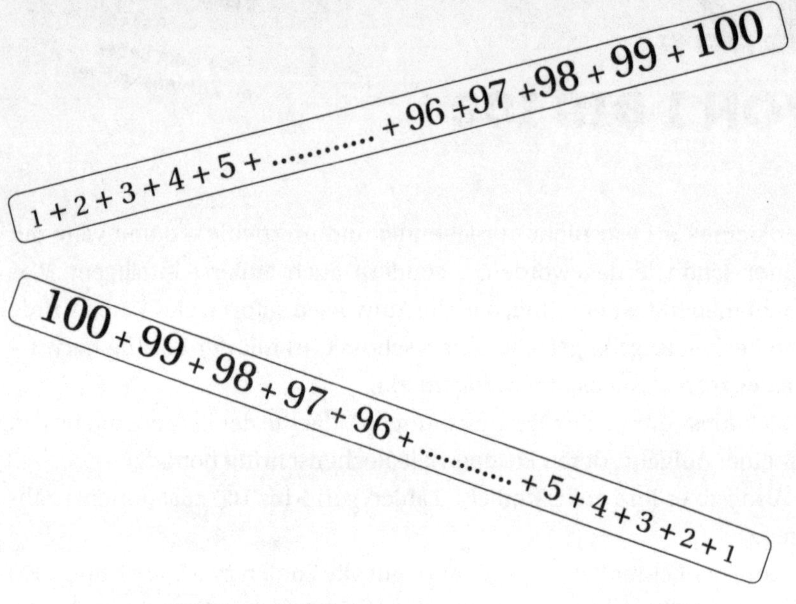

ZUM WEITERDENKEN

- Ist es dir auch schon so gegangen, dass du wie der „Ochs vorm Berg" an einer Aufgabe saßt? Was hast du unternommen, um eine Lösung zu finden?
- Gauß hat uns vorgemacht, wie man eine Aufgabe von der anderen Seite angehen kann. Mit seiner Überlegung kannst du auch die Summe aller natürlichen Zahlen bis 200, bis 500 oder gar bis 999 oder 1000 berechnen. Oder du kannst versuchen, eine Formel für die Summe aller natürlichen Zahlen von 1 bis n aufzustellen.
- Da versucht man, ein Problem auf umständliche Art und Weise zu lösen, obwohl es Wege gibt, die rasch und kräfteschonend zum Ziel führen. Was können wir tun, um diese Wege zu entdecken?
- „Wie Blinde tasten wir uns an der Wand entlang, wie Augenlose tappen wir herum." (Jesaja 59,10)

Herr, oft sind wir blind und erkennen das Naheliegende nicht. Öffne uns die Augen! Lass uns aus eingefahrenen Mustern ausbrechen!

INFORMATIONEN

- Carl Friedrich Gauß lebte von 1777 bis 1855 und hat zu allen Gebieten der Mathematik wichtige Beiträge geliefert. Man nannte ihn „Princeps Mathematicorum“, was so viel wie „Mathematiker-Fürst“ bedeutet.

13. PYTHAGORAS, LEHRE UNS!

Pythagoras liebte die Mathematik. Sein Wunsch war, alles zu lernen, was es von ihr in der Welt gab. Also machte er sich auf den Weg, vertraute sich kleinen, zerbrechlichen Schiffen an, um durch Sturmwind übers Meer zu fahren. Dann wanderte er mit Karawanen auf endlosen Pfaden durch die Wüste. Ja, Reisen damals war beschwerlich und gefahrvoll!

Endlich kam Pythagoras bei den Babyloniern an. Sie waren ein sehr kultiviertes Volk, wussten eine Menge über Sterne, Kalenderberechnung und Mathematik, und Pythagoras diskutierte tage- und nächtelang mit ihnen. Alles, was er erfuhr, schrieb er auf.

Dann reiste er zu den Ägyptern, den damaligen Meistern in Pyramidenbau und Bewässerungstechnik. Auch hier tauschte er sich eifrig mit den Gelehrten aus. Man sieht: Bevor Pythagoras berühmt wurde, war auch er ein Schüler – ein aufmerksamer und wissbegieriger.

Bald lebte auf der ganzen Welt niemand mehr, der so viel über Mathematik wusste wie Pythagoras. Also reiste er zurück zur wunderschönen Insel Samos, die seine Heimat war.

Allerdings ging er nicht zu König Polykrates, dem grausamen Tyrannen. „Der würde meine Kenntnisse nur für seine bösen Machenschaften missbrauchen“, dachte Pythagoras. Deshalb zog er sich in eine einsame Höhle zurück, weit entfernt von der Stadt, und lebte als Einsiedler glücklich mit seiner Mathematik und zufrieden darüber, so gescheit zu sein.

Doch irgendwann war er nicht mehr so zufrieden. „All das Wissen in meinem Kopf ist ziemlich nutzlos“, dachte er, „und ist schon dabei, einzurosten. Ich muss etwas damit unternehmen!“

Also beschloss Pythagoras, eine Schule zu gründen und seine mühsam erworbene Mathematik weiterzugeben. Wer aber würde mitmachen? Der Gelehrte fragte hin und her, aber allen fehlte die Muße. Der eine musste seinem Handel nachgehen, der andere seinen Acker bebauen. „Was sollen wir mit Wissenschaft?", fragten sie. „Wir haben Wichtigeres zu tun!"

Nur ein Hirtenjunge hatte genug Zeit, um nebenher noch etwas zu lernen. Allerdings interessierte ihn Mathematik überhaupt nicht. „Nun", sagte Pythagoras, „so lass uns einen Vertrag abschließen. Wenn du mein Schüler wirst, werde ich dich bezahlen. Jeden Tag gebe ich dir drei Obolusse dafür, dass ich dir Mathematik beibringen darf."

Obolusse waren Silbermünzen, die der Hirte gut gebrauchen konnte. Er erklärte sich also mit dem Vorschlag einverstanden, der Unterricht begann. Der Hirte lernte etwas über Geometrie, über Quadrate, Dreiecke und Kreise und bekam Obolusse dafür. Er lernte die Zahlen und ihre Eigenschaften kennen, erfuhr, wie man mit ihnen rechnete, und bekam noch mehr Obolusse. Er lernte und lernte und verdiente daran.

Eines Tages sagte Pythagoras zu ihm: „Jetzt kann ich dich nicht mehr unterrichten."

„Wie? Warum denn? War das schon alles?"

„Nein, mein Wissen ist längst nicht ausgeschöpft, aber mein Geld. Ich kann dich nicht mehr bezahlen."

Das behagte dem Hirtenjungen überhaupt nicht. Gerade hatte er angefangen, Gefallen an der Mathematik zu finden. „Kannst du mich nicht weiter lehren?", fragte er. „Du musst mich nicht mehr dafür bezahlen. Nein, jetzt bezahle ich dich!"

Damit war Pythagoras einverstanden. Der Unterricht ging weiter, Tag für Tag lernte der Schüler etwas Neues, und Tag für Tag gab er Pythagoras die Obolusse zurück.

ZUM WEITERDENKEN

- Pythagoras wollte etwas lernen und nahm deshalb eine beschwerliche Reise auf sich. Auf welchen Weg müssen wir uns machen, wenn wir etwas lernen wollen?
- Pythagoras wollte sein Wissen teilen, aber nicht mit einem Tyrannen. Kennst du Beispiele, wo gutes Wissen in falsche Hände kam?

- Pythagoras wollte sein Wissen teilen und war bereit, einen einzigen Schafhirten zu unterrichten. Was hältst du davon? Lohnt sich das überhaupt?
- Was hältst du von Pythagoras' Methode, seinem Schüler fürs Lernen Geld zu geben? Würdest du besser lernen, wenn man dir etwas dafür schenkte?
- Unterricht ist ein Geben und Nehmen. Der Schüler braucht den Lehrer, der Lehrer braucht aber auch den Schüler. Hast du Beispiele dafür?
- Wie hat der Mathematikunterricht den Hirten verändert? Wie verändert dich der Schulunterricht?
- Ist es heutzutage noch möglich, dass ein Mensch die ganze Mathematik im Kopf hat?
- Sich um Wissen, Wissenschaft und vor allem Weisheit zu bemühen – dazu kann uns dieser Bibelvers motivieren: „Denn Weisheit erwerben ist besser als Geld erwerben, ihr Gewinn ist mehr wert als Gold." (Sprüche 3,14)
- Dabei dürfen wir aber nicht vergessen, dass Gottes Weisheit alle Wissenschaft übersteigt.

Du, Herr, bist die Quelle aller Weisheit! Ich preise dich, dass wir von deiner Fülle empfangen und weitergeben dürfen! Hab auch Dank für all die Menschen, von denen ich lernen darf!

14. PYTHAGORAS LÄSST UNS ERZITTERN

Ein einziger Schüler war auf Dauer etwas wenig für eine richtige Schule. „Gibt es keine Möglichkeit, unsere Gemeinschaft zu vergrößern?", fragte sich Pythagoras.

Doch, die gab es, und sie hieß: Wegziehen aus der Heimat, wo Propheten und Weise bekanntlich nichts gelten. Pythagoras und sein Schüler reisten nach Italien. Es war ein großer Tag für die Wissenschaft, als sie in der Stadt Kroton den reichen Milon kennenlernten. Milon war bereit, etwas für sie zu tun. Er überließ Pythagoras die Hälfte seiner Villa zur Einrichtung einer Schule, dazu beachtliche finanzielle Mittel.

Klar, dass nun manch einer sagte: „Zu einer Schule in so einem schönen Haus möchte ich auch gehören." Viele kamen und baten um Aufnahme. Aber so einfach war das jetzt nicht mehr. Pythagoras prüfte jeden Bewerber auf Herz und Nieren. Seine Schüler sollten nicht nur etwas können, sondern die Wissenschaft aufrichtig lieben, und zwar mehr als den Luxus und das gute Essen in Milons Haus. Manch einer wurde trotz guter Zeugnisse abgewiesen – so der berüchtigte Kylon. Dem gefiel das nun gar nicht. Er bekam einen unbändigen Hass auf Pythagoras (wie viele nach ihm) und beschloss, sich bei nächster Gelegenheit zu rächen.

Doch es gab auch etliche junge Leute, die Pythagoras für würdig erachtete. Der Schülerkreis wurde größer, bis es schließlich 600 waren. Das waren die Gescheitesten der Gescheiten, die geistige Elite! Ihre oberste Regel lautete: „Was wir hier lernen und herausfinden, bleibt unter uns!

Die heilige Mathematik darf nicht in die Hände des gemeinen Mannes kommen! Die Leute würden nur Unfug damit treiben!“

So war es bei Strafe verboten, etwas auszuplaudern. Es herrschte eine richtige Geheimniskrämerei in Pythagoras’ Schule, und außerhalb wusste niemand, was diese Burschen eigentlich trieben. Wenn doch einer mal den Mund nicht halten konnte, wurde er verstoßen oder gar hingerichtet.

Zum Glück ist das heute nicht mehr so! Ohne etwas fürchten zu müssen, darf ich hier über die Ideen der Pythagoräer informieren.

Erst mal liebten sie Zahlen über alles. Sie investierten viel Zeit, um so viel wie möglich über Zahlen herauszufinden, zum Beispiel über Dreiecks- und Viereckszahlen (die sie mit Dreiecken und Vierecken darstellten), über weibliche und männliche Zahlen (damit meinten sie gerade und ungerade Zahlen) und über vollkommene Zahlen!

Außerdem liebten die Pythagoräer Musik. Ihr Instrument war die Leier, die sie aber nicht nur für Konzerte, sondern auch für wissenschaftliche Forschung benutzten. Dabei entdeckten sie etwas Eigenartiges. Wenn man eine Saite anzupft, dann erklingt, wie jedes Kind weiß, ein Ton. Wenn man dann die Saite durch Drücken in der Mitte in zwei Teile teilt und wieder anzupft, entsteht ein anderer, höherer Ton.

Diese beiden Töne passen sehr gut zusammen. Man sagt: Sie harmonieren. Ähnlich ist es, wenn man die Saite in drei oder vier gleiche Teile teilt: Die Töne, die man damit erhält, harmonieren alle wunderbar mit dem Grundton. Wenn man aber die Seite an einer x-beliebigen Stelle teilt, können Töne herauskommen, die gar nicht mehr passen. Ja, es können ziemlich schmerzhafte Disharmonien entstehen. Das bedeutet: Je schöner die Zahlenverhältnisse sind, umso schöner sind die Harmonien der Töne.

Was für eine Entdeckung! Hinter der Schönheit der Musik stecken Zahlen! Die Pythagoräer fanden bald heraus, dass Zahlen auch anderswo eine entscheidende Rolle spielen – etwa bei der Bewegung der Planeten. „Alles ist Zahl“ war deshalb ihr Wahlspruch.

„Wo bleiben nun die rechtwinkligen Dreiecke?“, wirst du schon ganz ungeduldig fragen. Du hast recht – auch in der Geometrie sind Zahlen von großer Bedeutung! Wenn man die Seiten eines rechtwinkligen Dreiecks ausmisst und die Längen der beiden kürzeren quadriert und zusammenzählt, erhält man das gleiche Ergebnis, wie wenn man nur die längste Seite quadriert.

In mathematischer Formelschreibweise: $a^2 + b^2 = c^2$

Diesen Zusammenhang hatten schon die Babylonier beim Bau ihrer Paläste und Tempel verwendet. Aber galt das immer? In jedem rechtwinkligen Dreieck? Oder lässt sich irgendwann einmal ein rechtwinkliges Dreieck finden, bei dem $a^2 + b^2$ nicht c^2 ergibt?

Pythagoras wollte es mit hundertprozentiger Sicherheit wissen, und so setzte er sich hin und überlegte. Nach vielem Herumprobieren und dank der guten Verpflegung in Milons Haus fand er einen Gedankengang, der zeigte: $a^2 + b^2 = c^2$ muss in jedem rechtwinkligen Dreieck gelten. Überall auf der Welt. Es kann keine Ausnahme geben. Diesen Gedankengang, bei dem Pythagoras Quadrate und Rechtecksflächen miteinander verglich und wahrscheinlich auch Zahlen zur Hilfe nahm, nennt man einen mathematischen Beweis. Seither wollen die Mathematiker ohne Beweis nichts mehr glauben, auch wenn es die selbstverständlichste Sache der Welt ist.

Pythagoras' Schüler verstanden sofort, dass das etwas Neues war. Ihr Meister hatte eine bisher unbekannte Art des Denkens gefunden, etwas, das Kunst und Wissenschaft in einem war, das zu sicherer Erkenntnis und damit zu Wahrheit führte. Sie waren begeistert! Sie fanden Pythagoras' Beweis so großartig, dass sie ihn gebührend feierten.

Ja, Pythagoras' Schüler fühlten, dass Göttliches im Spiel war. Der Beweis ihres Meisters kam ihnen wie eine Offenbarung des Himmels vor, und dafür wollten sie den Göttern danken. Ohne mit der Wimper zu zucken, opferten sie ihnen 100 Ochsen. Wenn es um Mathematik geht, ist Knauserigkeit schließlich fehl am Platz! Seit diesem Tag, so sagt man, fürchten sich die Ochsen vor der Wissenschaft und fangen an zu zittern und zu brüllen, sobald sie den Namen „Pythagoras" hören.

Auf diesen Höhepunkt folgte bald ein Tiefpunkt. Du erinnerst dich bestimmt an Kylon, der von Pythagoras abgewiesen worden war. Hass und Neid hatten weiter an ihm genagt. Er konnte es einfach nicht überwinden, von der Vereinigung dieser weisen Männer ausgeschlossen zu sein.

So begann Kylon, Stimmung gegen Pythagoras zu machen. Er scharte Leute um sich, die eigentlich gar nichts mit Mathematik am Hut hatten, die nur einfach mal draufhauen wollten. Mit ihnen stürmte er die Schule. Das schöne Haus der Wissenschaften ging in Flammen auf, viele Schüler wurden getötet, auch Pythagoras. Einige aber entkamen. Sie flohen mitsamt ihrem Wissen in andere Städte.

Obwohl das alles sehr schlimm war, hatte es auch Vorteile. Denn jetzt war es mit der Geheimniskrämerei vorbei; das Wissen der Pythagoräer kam unter die Menschen und auch zu uns. Wer geduldig ist, sich Zeit nimmt und Mühe gibt, kann es erlernen und damit weiter forschen.

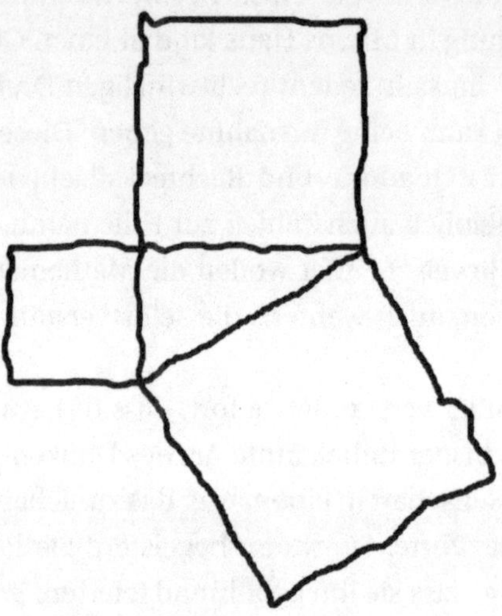

ZUM WEITERDENKEN

- Hast du schon von Leuten gehört, die wie Milon Kunst und Wissenschaft unterstützen?
- Was fühlst du, wenn du eine mathematische Aufgabe gelöst hast? Machst du es wie Pythagoras' Schüler und feierst?
- „Mathematik ist Musik des Geistes, Musik ist Mathematik der Seele." (Daniil Charms)
- Mittlerweile gibt es Hunderte von Beweisen des Satzes von Pythagoras. In deinem Mathe-Schulbuch oder im Internet kannst du nachschauen.
- Die Gültigkeit von Pythagoras' Satz kann mit einem mathematischen Beweis ein für alle Mal gezeigt werden. Wir können uns darauf genauso verlassen wie auf die Tatsache, dass 1 + 1 = 2 ergibt. Viele Dinge aber

halten wir auch ohne mathematischen Beweis für wahr. Finde Beispiele!

- Können wir darauf vertrauen, dass morgen die Sonne wieder aufgehen wird? Woher weißt du, dass deine Eltern dich lieben? Gibt es „Beweise“ für Gottes Liebe zu uns?
- Hast du schon mal erlebt, wie jemand ärgerlich war, weil er nicht dazugehören durfte? Ging es dir selbst schon so? Was hätte Kylon tun können, um in die Schule aufgenommen zu werden?
- Was sind die Gefahren von Geheimniskrämerei?
- „Euch, ihr Leute, lade ich ein! An alle Menschen wende ich mich. Ihr Anfänger, lernt, was Klugheit ist!“ (Sprüche 8,4.5). In Pythagoras' Schule wäre diese Einladung nicht zu finden gewesen. Aber Gott will, dass jeder an seiner Weisheit teilhat.

Herr, danke für das Licht des Glaubens, das du in mir entzündet hast. Danke, dass ich offen darüber reden darf!

INFORMATIONEN

- Pythagoras selbst hat keine Schriften hinterlassen, allerdings ranken sich viele Legenden um ihn. Wir können uns nicht sicher sein, ob sich die hier erzählten Geschichten genau so abgespielt haben – aber lehrreich sind sie trotzdem!

15. DIE ZAHLENPARTY

Zahlen-Fabel

Zur ersten Zahlenparty in der Geschichte der Mathematik waren alle natürlichen Zahlen von 1 bis 111 eingeladen. Und alle kamen! Es wurde gegessen und getrunken, getratscht und gelacht – im Hintergrund lief Zwölftonmusik.

Bald bildeten sich Grüppchen. So sah man die 1 und die 111 in einer Ecke stehen und tuscheln. Nur aus Einsen zu bestehen – das war etwas Besonderes! „Ich komme zu euch“, sagte die 11, die sonst niemanden zum Reden gefunden hatte.

Die 2 und die 22 wollten es ihnen gleichtun. Doch leider blieben sie nur zu zweit, da die 222 nicht eingeladen war. Also trennten sie sich wieder, jede suchte sich ein Grüppchen, in dem sie besser aufgehoben war.

Die 2 begegnete der 3. Freudig gedachten sie ihrer guten Nachbarschaft auf dem Zahlenstrahl und blieben mitten im Getümmel beieinander stehen. Da kam die 5 angetorkelt.

„Hallo, ihr Lieben“, sagte sie, „darf ich nähertreten?“ Die 2 und die 3 zogen ein langes Gesicht. Zu klobig und vereinnahmend wirkte die 5, besonders weil sie die Summe aus den beiden anderen war. Als dann noch die 7 kam, wollten sich die Kleinen rasch aus dem Staub machen.

„Halt, wartet!“, rief ihnen die 7 nach. „Seht ihr denn nicht, dass wir zusammengehören? Achtet auf das Verbindende!“ Es dauerte eine Weile, bis sie es erklärt hatte: „Ihr und wir sind nur durch 1 und uns selbst teilbar. Wir sind Primzahlen! Und Primzahlsein ist selten.“

So kamen sie sich also näher, beschlossen, die Differenzen nicht so ernst zu nehmen, und spazierten fröhlich durch die Menge. „Wo seid ihr, Primzahlen? Kommt her zu uns! Entdeckt eure inneren Qualitäten, steht zu eurem ungeteilten Herzen und schließt euch uns an!“

Tatsächlich fanden sich bald auch die 11, die 13 und die 17 ein, die beim Primzahlen-Club mitmachen wollen. Die 23 aber zögerte. „Bin ich eine Primzahl oder bin ich's nicht?“ Lange dachte sie darüber nach und verrechnete sich wegen des großen Lärms ständig.

Auf einmal tauchte die 4 auf. Sie hatte sich mit einigen 2er-Potenzen über die Welt und Gott unterhalten, war sich aber neben der stolzen 64 ziemlich klein und unerfahren vorgekommen. Unbemerkt hatte sie sich aus dem Staub gemacht, um sich anderswo umzusehen.

Da – ein Geistesblitz! Die 4 packte die 3 und die 5 unterm Arm und zog sie mit sich.

„He, was soll das? Was haben wir mit dir zu schaffen? Meinst du, nur weil du unsere Mitte bist, darfst du mit uns machen, was du willst?“

„Urteilt nicht vorschnell!“, lautete die Antwort. „Uns verbindet mehr, als ihr denkt.“ Sie führte die zwei zu einem Wandgemälde, welches ein rechtwinkliges Dreieck darstellte.

„Seht die Seitenlängen! 3, 4 und 5 Dezimeter! Wir bilden eine Dreiheit, ein pythagoräisches Zahlentripel.“

„Was meinst du damit?“, fragte die begriffsstutzige 3.

„Ganz einfach“, entgegnete die 4. „Quadriere dich! Ich tue mit mir das Gleiche. Die Ergebnisse addieren wir und stellen fest, dass das Quadrat von Fräulein 5 herauskommt.“

„Aha ... muss ich das kapieren?“, fragte die 5, die auch nicht von der hellen Sorte war.

„Stimmt!“, rief auf einmal die 9, die am Rande zugehört hatte. „Das ist ein starker Zusammenhang!“ Schon lief sie durch den Saal und rief: „Wer will mit mir ein pythagoräisches Zahlentripel bilden? Partner für pythagoräisches Zahlentripel gesucht!“

„Ob sie Erfolg haben wird?“, fragte die 4, die sich in den höheren Regionen nur wenig auskannte. „Nicht jeder ist zum Tripel auserwählt. Deshalb solltet ihr brav bei mir bleiben.“ Mit diesen Worten zog sie die 3 und die 5 dichter an sich.

So ging es weiter. Manche Bündnisse hielten für kurze, andere für längere Zeit. Da sich die Zahlen nach und nach ihrer unterschiedlichen Eigenschaften bewusst wurden, bildeten sich immer wieder neue Gruppen. Bald regierten nicht mehr Schüchternheit, Eifersucht oder gar Abscheu, sondern ehrliche Neugier. Die führte dazu, dass die Zahlen aufeinander zugingen und sich immer besser kennenlernten. Schließlich beschloss

man, eine Miss-Wahl durchzuführen. Die Zahl mit den meisten und originellsten Eigenschaften sollte Zahlenkönigin werden.

Die 64 polterte auf die Bühne. „Schaut mich nur an!", prahlte sie. „Ich bin 6-mal durch 2 teilbar, lege die Anzahl der Felder auf dem Schachbrett fest, und meine Quersumme ist die Basis unseres Zahlensystems."

„Meine auch!", unterbrach die 46, aber bevor sie die Bühne erreicht hatte, standen die 41 und die 43 bereits am Mikrofon. „Wir sind Primzahlzwillinge", posaunten sie im Chor.

„Pah, das ist noch gar nichts", platzte die 28 heraus. „Schaut mich an, ich bin vollkommen!" Das alles waren unbestreitbare Tatsachen, und deshalb entschied die Jury schlussendlich, dass jede Zahl eine ganz besondere Kombination von Eigenschaften besäße, die sie einmalig und liebenswert mache. „Es sind auch noch längst nicht alle Eigenschaften bekannt, manches Verwandtschaftsverhältnis ist ungeklärt. Darum lasst uns weiter forschen und uns immer besser kennenlernen. Übt Geduld miteinander und lasst jedem den Raum, den er für seine Entwicklung nötig hat."

Nach dieser Erklärung sollte getanzt werden – ein Gesellschaftstanz mit Kreisen, Ellipsen und sonstigen Figuren. Zuerst musste man sich in zwei Reihen aufstellen, die geraden Zahlen den ungeraden gegenüber. „Denn schließlich ergänzen wir uns", sagte die 88 mit Enthusiasmus. „Auf geht's im 3/4-Takt!"

Die 111 aber weinte. Sie hatte keine Partnerin gefunden und wollte doch mittanzen. Es blieb den Zahlen nichts anderes übrig, als einen Boten an ihre Nachfolgerin abzuschicken:

„Bitte entschuldige, dass wir nicht eher an dich gedacht haben! Du musst unbedingt kommen, da wir ohne dich nicht vollzählig sind und unmöglich tanzen können. Platz gibt's genug im Saal, für Essen, Trinken und abwechslungsreiche Unterhaltung ist gesorgt. Außerdem wirst du eine Menge Verwandte treffen!"

Nun, eine Spielverderberin war die 112 noch nie gewesen. Zwar dauerte es eine Weile, bis sie sich gemäß ihrer gehobenen Stellung herausgeputzt hatte, doch dann machte sie sich auf den Weg zum Festsaal.

ZUM WEITERDENKEN

- Nimm dir eine Zahl vor und versuche, einige ihrer Eigenschaften herauszufinden!
- Stell dir einen Menschen vor, den du kennst, und versuche, ihn zu beschreiben. Wie ist er? Welche Eigenschaften hat er? Gibt es Dinge – vor allem positive Eigenschaften –, die du bisher übersehen hast?
- Fandest du schon mal jemanden unsympathisch und später, nachdem du die Person besser kennengelernt hattest, dachtest du das Gegenteil? Kennst du Menschen, die richtig interessant und originell sind, bei denen man das aber nicht gleich sieht?
- „Der Mensch sieht nur das Äußere, Jahwe aber sieht das Herz." (1. Samuel 16,7)

Herr, du kennst mich viel besser, als ich mich selbst kenne. Lehre mich Bescheidenheit und schenke mir ein unvoreingenommenes Auge für meine Mitmenschen!

INFORMATIONEN

- Drei natürliche Zahlen a, b und c bilden ein pythagoräisches Zahlentripel, wenn $a^2 + b^2 = c^2$ gilt.

  Beispiele sind (3, 4, 5), (5, 12, 13) und (9, 40, 41).

  Es gibt unendlich viele pythagoräische Zahlentripel.
- Primzahlzwillinge sind Primzahlen, die direkt aufeinanderfolgen, also nur den Abstand 2 voneinander haben. 11 und 13 sind Primzahlzwillinge, 13 und 17 aber nicht. Findest du andere Beispiele? Es wird vermutet, dass es unendliche viele Primzahlzwillinge gibt – aber ein Beweis dafür steht noch aus.
- Eine natürliche Zahl ist vollkommen, wenn die Summe ihrer Teiler sie selbst ergibt.

  Beispiele:

  $6 = 1 + 2 + 3$

  $28 = 1 + 2 + 4 + 7 + 14$
- Man weiß (noch) nicht, ob es unendlich viele vollkommene Zahlen gibt.

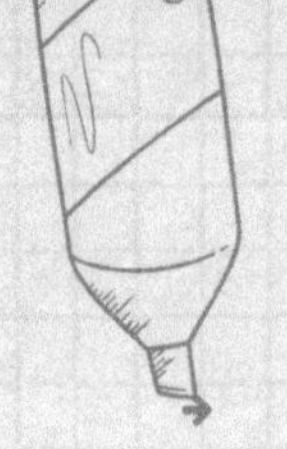

16. DER NULLEN-VEREIN

Ein paar Leute hatten sich zusammengetan – einfache Leute, die durch nichts hervorstachen, und ohne jegliche Bedeutung. Es war ein Verein von Nullen.

Man verstand sich gut. Die Nullen pflegten tägliche Gemeinschaft und eckten nicht aneinander an. Natürlich, alles, was sie taten und dachten, hatte nicht den geringsten Wert. Das wussten sie und erwarteten auch nicht mehr.

Es kam vor, dass jemand an der Tür stand und um Aufnahme bat. Da sagten sie:

„Eigentlich sind wir vollzählig. Aber eine 0 mehr oder weniger, was macht das schon? Komm rein!“ So nahmen die Nullen an Anzahl zu, aber nicht an Wert. Sie blieben ein bedeutungsloser Haufen.

Eines Tages klopfte es wieder; man öffnete, und vor der Tür stand endlich mal jemand, der anders war, der etwas darstellte, der Ecken und Kanten und Profil hatte. Es war keine 0, sondern die 1. Sollten sie sie aufnehmen?

Die Nullen berieten sich und kamen zu dem Schluss: „Lange genug waren wir der unbeachtete Abschaum. Diese 1 kann unseren Wert erhöhen, durch sie können wir Ansehen erlangen.“

Also wurde die 1 hereingebeten. Allerdings begingen die Nullen einen entscheidenden Fehler. Alle rückten auf die Seite, um die 1 durchzulassen, und wiesen ihr den letzten Platz an. Ganz hinten musste die 1 sitzen, wo sie den Nullen nichts nutzte. Sie waren weiterhin eine bloße Ansammlung von Nullen mit einer 1 dabei.

Wäre eine 0 bereit gewesen, ihren Platz abzutreten, hätte man der 1 gar die erste Stelle eingeräumt – aus den Nullen wäre etwas Gewaltiges geworden. Die 1 hätte den Wert der Gemeinschaft in Millionenhöhe steigen lassen!

ZUM WEITERDENKEN

- Was macht den Wert einer Zahl aus? Wohin schaut man, wenn man zwei Zahlen vergleichen soll (etwa 1080 und 1008)? Welche Rolle spielen die Nullen dabei?
- „Man mag noch so viele Nullen zusammenzählen, wie man will: Es gibt doch keine 1.“ (Galileo Galilei)
- Die Geschichte von den Nullen und der 1 geht auf den indischen Evangelisten Sadhu Sundar Singh zurück. Er verwendete sie in seinen Predigten, um damit etwas deutlich zu machen. Was könnte das sein? Wen stellen die Nullen dar, wer ist die 1? „Er ist der Anfang, der Erstgeborene aus den Toten heraus, damit er überall und in allem der Erste sei.“ (Kolosserbrief 1,18)
- Kennst du noch andere Gleichnisse, bei denen Zahlen eine Rolle spielen?

Herr, was wäre ich ohne dich? Stehe bitte an erster Stelle in meinem Leben, sei du meine Nummer 1!

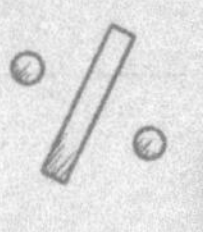

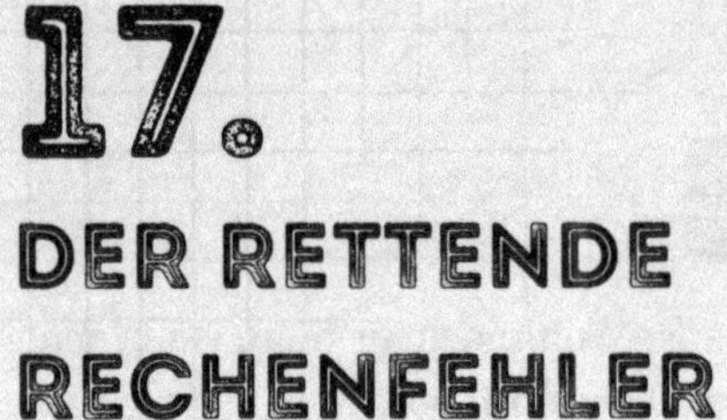

17. DER RETTENDE RECHENFEHLER

„Von jetzt an, solange die Erde besteht, soll nicht aufhören: Saat und Ernte, Frost und Hitze, Sommer und Winter, Tag und Nacht." (1. Mose 8,22)

Die Mitglieder der „Praktischen Nordpolgesellschaft" hatten vom ständigen Hin und Her der Jahreszeiten die Nase voll. Heute heiß, morgen kalt – das fanden sie völlig unpraktisch. Sich ständig auf neue Situationen einstellen zu müssen kostete viel zu viel Kraft und war bloße Zeitverschwendung. Deshalb beschloss die Gesellschaft, die Jahreszeiten abzuschaffen. Wie aber sollten sie dabei vorgehen? Gab es irgendwo einen Hebel, den man einfach umlegen konnte? Woran liegt es überhaupt, dass sich Frühling, Sommer, Herbst und Winter abwechseln?

Jedes Kind weiß, dass der Wechsel von Tag und Nacht seine Ursache in der Rotation der Erde um ihre Achse hat. Mit den Jahreszeiten ist es ein wenig komplizierter. Wir wollen es uns an einem Modell veranschaulichen! Die Erde kreist mit einer Geschwindigkeit von 30 Kilometern pro Sekunde einmal im Jahr um die Sonne. Stünde nun die Erdachse senkrecht zur Bahn der Erde um die Sonne – nun, dann wäre jeder Tag an jedem Ort gleich lang, nämlich zwölf Stunden, und die Nächte würden ebenfalls zwölf Stunden dauern. Am Äquator würde die Sonne um 12 Uhr mittags senkrecht am Himmel stehen – hier hätte man ewigen Sommer. Bei uns in Deutschland hingegen wäre die Sonnenbahn jeden Monat gleich flach. Ewiger Frühling würde herrschen. Am Nord- und am Südpol hingegen gäbe es ständig Winter.

Nun steht die Erdachse aber nicht senkrecht, sondern bildet mit der Erdumlaufbahn einen Winkel von 66 Grad. Deshalb ändert sich die Intensität der Sonnenstrahlung, je nachdem, wo auf der Erde man wohnt und

an welchem Punkt ihrer Bahn sich die Erde gerade befindet. In Deutschland liegt in den Monaten Dezember und Januar der höchste Punkt der Sonne nicht sehr weit vom Horizont entfernt, in den Monaten Juni und Juli hingegen steht sie mittags hoch über uns. Deshalb haben wir Jahreszeiten und müssen uns mal mit, mal ohne Wollmütze kleiden.

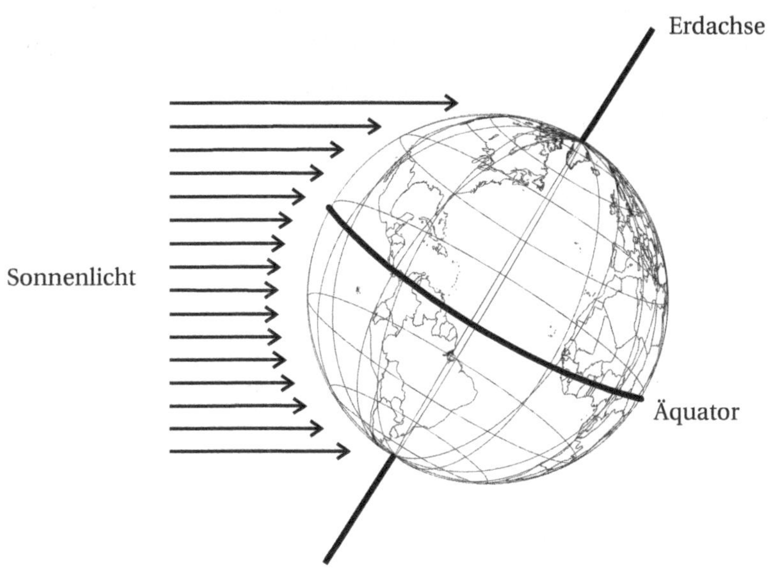

„Wir müssen also", schlug J. T. Maston, Chefmathematiker der „Praktischen Nordpolgesellschaft", vor, „das Krumme geradebiegen und die Erdachse aufrichten. Die Vorteile wären gewaltig! Jeder könnte an den Ort mit seinem Lieblingsklima ziehen und es das ganze Jahr lang genießen. Ein bescheidener Nebeneffekt wäre die Schmelze von Gletschermassen. Endlich hätten wir Zugriff auf verborgene Bodenschätze!"

Nun war ein Projekt von derart astronomischen Ausmaßen nicht so leicht zu bewerkstelligen. Man konnte nicht einfach in den Weltraum fliegen, den Erdball in die Hand nehmen und nach Belieben seine Stellung ändern. Der Einschlag eines gewaltigen Meteoriten könnte genügend Energie liefern, um das Gewünschte zu erreichen – aber war mit so einem Ereignis in nächster Zeit zu rechnen?

Maston meinte: „Es muss nicht unbedingt ein Einschlag sein. Wir können auch etwas von der Erde fortschießen, das hätte den gleichen Effekt." Das war's! Nach einer kurzen Beratung kam man überein, an geheimer Stelle eine Riesenkanone zu bauen, um mit dieser ein Riesengeschoss ins

Weltall zu jagen. Wie groß müssten Kanone und Geschoss sein, damit der Rückstoß die gewünschte Wirkung zeigen würde? Es war Mastons Aufgabe, dies zu berechnen. Doch wie groß auch immer – Frau Elena Scorbitt, verwitwete Multimillionärin und Bewunderin von Maston, war bereit, es zu bezahlen.

Am Abend des 5. Oktobers schloss sich Maston in sein Arbeitszimmer ein, gewillt, die theoretischen Grundlagen für das Unternehmen auszutüfteln. Er liebte es, wie viele Mathematiker der alten Schule, stehend an seiner Schiefertafel zu arbeiten. Schon hatte er mit Kreide einen Kreis gezeichnet, der die Erdkugel darstellen sollte. Daneben schrieb er: „Erdumfang gleich 40 000 000 Meter“, und andere wichtige Zahlen. Dazu notierte er einige Formeln und war bald in die kompliziertesten Berechnungen vertieft.

Da klingelte das Telefon. Unwillig nahm der Mathematiker den Hörer ab. „Lieber Herr Maston“, tönte am anderen Ende Frau Scorbitts Stimme, „Sie sollten Ihr Fenster schließen. Ein Gewitter zieht auf.“

Maston wollte gerade etwas von „übertriebener Fürsorge“ murmeln, da gab es einen ohrenbetäubenden Knall. Ganz in der Nähe hatte der Blitz eingeschlagen. Die elektrische Ladung suchte sich, zumindest teilweise, ihren Weg durch die Telefonleitung und verabreichte dem Mathematiker eine deftige Ohrfeige, sodass dieser das Gleichgewicht verlor und im Fallen auch seine Tafel mitriss.

Kaum hatte er sich aufgerappelt, seinen Anzug von Staub befreit und die Tafel wieder in Position gebracht, als das Telefon ein zweites Mal klingelte.

„Ja, bitte?“, brummte Maston.

Wieder meldete sich Frau Scorbitt. „Lieber Herr Maston, mir scheint, dass bei Ihnen soeben der Blitz eingeschlagen hat.“

„Na, so was, ich hatte den gleichen Eindruck. Und er hat mich in den schönsten Berechnungen gestört.“

Nach dem Austausch von ein paar Liebenswürdigkeiten konnte der Mathematiker wieder an seine Arbeit gehen. Jetzt gab es keine Unterbrechungen mehr. Er schrieb unverdrossen, übertrug Zwischenresultate, notierte Nebenrechnungen an den Rand, wischte sie wieder aus, führte Kontrollberechnungen durch und konnte noch am gleichen Abend der Gesellschaft seine Ergebnisse vorlegen.

Das Projekt kam rasch voran. Fernab jeglicher Zivilisation, an einer schwer zugänglichen Stelle, trieben verbündete Arbeiter einen Schacht

in die Erde. Mit 600 Metern Tiefe und einem Durchmesser von 21 Metern bildete er ein ideales Kanonenrohr. Zwei Millionen Tonnen Schießpulver kamen hinein, darüber das 180 000 Tonnen schwere stählerne Geschoss – genau wie Maston es berechnet hatte.

Obgleich absolute Verschwiegenheit über den Ort der Bauarbeiten herrschte, gab die Praktische Nordpolgesellschaft den Zeitpunkt, an dem die Kanone gezündet werden sollte, öffentlich bekannt. Schließlich sollte sich jeder auf den großen Tag einstellen können. „Machen Sie sich darauf gefasst", hieß es in einer Zeitung, „dass unser Projekt auch geografische Verschiebungen, etwa die des Meeresspiegels, nach sich ziehen wird. Sollten Sie nicht in Küstennähe wohnen, werden Sie kaum davon betroffen sein. Am 22. September ist es so weit."

Anfangs wurden diese Warnungen kaum beachtet, doch je näher der 22. September kam, umso unruhiger wurden die Menschen. Schließlich brach Panik aus. Wissenschaftler auf der ganzen Welt diskutierten die Effekte des Kanonenschusses. Man ging von gewaltigen Erschütterungen, von Erdbeben und Sturmfluten aus. Doch da niemand den Standort der Kanone ausfindig machen konnte, waren genaue Prognosen und Sicherheitsmaßnahmen unmöglich. Die Angst der Menschen machte sich in öffentlichen Demonstrationen Luft, die Regierungen wurden angegriffen, die Sache zu leicht genommen zu haben. Viele verkauften Hab und Gut, um sich an sichere Orte zurückzuziehen. Doch waren sie wirklich sicher? Nur wenige behielten die Nerven und blieben, wo sie waren.

Der 22. September kam. Die meisten Menschen verkrochen sich in ihren Häusern und warteten auf das, was passieren würde. Und es passierte etwas! Am Fuße des höchsten Berges Afrikas, dem Kilimandscharo, gab es eine gewaltige Explosion, und im selben Augenblick raste ein dunkler Schatten über die Steppe hinweg, zischte über Dörfer und Städte, dann vom Land aufs Meer und verschwand.

Und dann? Nichts weiter! Es gab keine Erdbeben und keine Überschwemmungen, die Gletscher schmolzen nicht, die Jahreszeiten blieben, wie sie waren. Die Erdachse hatte sich um keinen Millimeter bewegt, sie bildete immer noch denselben Winkel mit der Erdumlaufbahn.

„Warum?", fragte sich J. T. Maston. „Habt ihr die Kanone etwa falsch gebaut? Ich kann in meinen Berechnungen keinen Fehler entdecken."

„Ja", bestätigte Frau Scorbitt, „Herr Maston verrechnet sich nie."

Da klingelte mal wieder das Telefon. Ein junger Mathematiker aus Europa meldete sich.

„Meinen Sie wirklich, dass Sie mit ein paar Tricks die ewigen Ordnungen unserer Welt ändern können? Ich bin die Sache mal durchgegangen und zu dem Ergebnis gelangt, dass alles Rütteln an der Erdachse zwecklos ist. Prüfen Sie Ihre Annahmen! Welchen Wert haben Sie für den Erdumfang benutzt?“

Maston stutzte. Er eilte zu seiner Tafel, dann zu den Papiernotizen. „40 000“ stand da, wie es sich gehörte. „Ja, der Erdumfang beträgt 40 000 Kilometer. Aber halt – sollen das wirklich Kilometer bedeuten? Habe ich meine Rechnung nicht in Metern durchgeführt? Da müsste also die Zahl 40 000 000 stehen!“

Langsam verstand er, was passiert war. Der von ihm verwendeten Zahl fehlten drei entscheidende Nullen. Wie waren sie abhandengekommen? Es musste passiert sein, als er mit Frau Scorbitt telefoniert hatte und der Blitz durch die Leitung gefahren war! Mit dem Fall der Schiefertafel waren die drei Nullen ausgewischt worden. Und weil Frau Scorbitt gleich nochmals angerufen hatte, hatte Maston die übliche Kontrolle vergessen. Die falsche Zahl war in die Folgerechnungen übertragen worden, hatte sich fortgepflanzt und war schließlich in den Abmessungen von Kanone und Geschoss gelandet. So viel können drei fehlende Nullen ausrichten!

Damit sind wir fast am Ende der Geschichte. Frau Scorbitt hatte ihr Vermögen bis auf den letzten Cent dem Erdachsen-Projekt geopfert. Für den Bau einer größeren Kanone blieb nichts mehr übrig, außerdem war es fraglich, ob alles Geld der Welt ausreichen würde, ein Geradebiegen der Erdachse zu finanzieren.

Interessant ist, dass Maston an diesem Tag mit der Mathematik brach. Nie wieder rührte er Stift oder Kreide an, um etwas zu berechnen. Stattdessen nahm er Frau Scorbitts ausgestreckte Hand, sie gingen den Bund der Ehe ein und lebten seitdem zurückgezogen und zufrieden. Schön, wenn größenwahnsinnige Projekte so romantisch enden!

ZUM WEITERDENKEN

- Selbst die harmlos scheinende Mathematik kann bösen Machenschaften dienen.

- Kennst du Beispiele, wo man mit wissenschaftlichen Mitteln versuchte, Gottes Ordnungen umzustoßen? „Und was sie jetzt begonnen haben, zeigt, dass ihnen künftig nichts unmöglich sein wird. Sie werden alles tun, was sie sich ausdenken." (1. Mose 11,6)
- Diese Geschichte zeigt, dass Nullen, je nachdem wo sie stehen, sehr gefährlich werden können. Was bedeutet das im übertragenen Sinne?
- Hat dir auch schon mal ein winziger Fehler eine ganze Rechnung zunichte gemacht? In der Mathematik spielt die kleinste Kleinigkeit eine Rolle. Darum nimm dir zum Aufgabenlösen Zeit, suche einen ruhigen Ort auf, konzentriere dich und schalte das Telefon ab!

Mögen die Menschen auch allerlei Böses ersinnen – du, Herr, wirst deinen Plan zu Ende führen! Danke für deine Zusagen, an die wir uns halten dürfen.

INFORMATIONEN

- Wer diese Geschichte in ausführlicher Form lesen möchte, besorge sich Jules Vernes Roman „Der Schuss am Kilimandscharo".

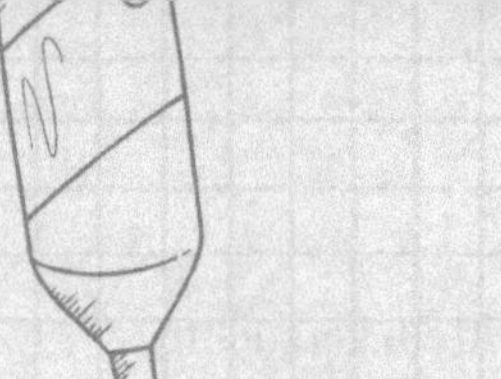

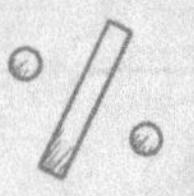

18. DIE MACHT DER VERDOPPLUNG

Der weise Sessa hatte schon so manche Erfindung gemacht, manches Problem gelöst. Doch die Aufgabe, vor der er jetzt stand, war schwerer als alle anderen: Er sollte ein Mittel finden, das aus dem König einen sanften Menschen machen würde.

Es war dringend. Zu sehr litt das Volk unter dem Tyrannen, zu hoch war die Steuerlast, die er ihm auferlegte, seine ewigen Kriege zehrten das Land aus. Niemand durfte ihm darüber die Meinung sagen, selbst der kleinste Rat konnte mit dem Tod bestraft werden. Was sollte da ein Gelehrter wie Sessa ausrichten?

Doch der Weise verlor nicht den Mut. Gab es etwas, das das Herz des Herrschers verändern konnte? War es möglich, seinen Sinn auf andere Dinge zu lenken? Er überlegte, probierte aus, sägte sich schließlich ein Holzbrett zurecht und schnitzte Figuren dazu. Sessa hatte das Schachspiel erfunden. „Das ist es! Damit wird der König alle Grausamkeiten vergessen und ein vernünftiger Mensch werden!"

Rasch packte er alles in eine Kiste und eilte zum Palast.

Zunächst betrachtete der König das Spiel mit Argwohn. Nachdem ihm Sessa die Regeln erklärt hatte, spielte er mit finsterer Miene eine Partie, dann, schon etwas gelöster, eine zweite. Schließlich passierte, was Sessa vorhergesehen hatte: Der Herrscher war von den 64 Feldern nicht mehr wegzukriegen. Seine Minister und Generäle wurden von ihren Tätigkeiten abberufen, sie mussten sich zu ihm ans Schachbrett setzen und sich mit ihm messen.

Nun, wer eine Schachpartie meistern will, muss vernünftig und planvoll vorgehen, er muss sich an die Regeln halten und fair bleiben. Vor

allen Dingen aber muss er den Wert seiner Figuren kennen. Jede Figur, auch der kleinste Bauer, ist wichtig, und es ist eine hohe Kunst, alle Figuren mit ihren verschiedenen Eigenschaften zusammenwirken zu lassen. Der König lernte diese Kunst! Von Tag zu Tag entdeckte er neue Stellungen und Kombinationen, und während er sich mit ihnen beschäftigte, wurde er umsichtig und milde. Er behandelte seine Untertanen immer besser, und um in Frieden Schach spielen zu können, griff er auch keine Nachbarländer mehr an.

Über dieses neue Leben war der König so glücklich, dass er Sessa eine Belohnung für seine Erfindung anbot: „Wünsche dir, was du willst, ich werde es dir erfüllen!“

Sessa war bescheiden. Er kam mit wenig aus und wusste nicht, was er sich wünschen sollte. „Ziere dich nicht“, sagte der König, „ich bin reich und kann auch dich reich machen.“

„Gut, so will ich es wagen, Eure Großzügigkeit in Anspruch zu nehmen“, antwortete Sessa schließlich, „und für meine Familie einen Lebensunterhalt erbitten. Gib mir doch für jedes Feld des Schachbretts Reiskörner. Für das erste Feld gib mir ein Korn, für das zweite Feld zwei, für das dritte Feld vier und so weiter – also für jedes Feld immer doppelt so viel wie für das vorherige. Das sollte mir genügen.“

Der König schmunzelte. „Nun, wenn das alles ist – mein Haushofmeister soll dir sofort das Gewünschte bringen.“

Die anwesenden Minister und Diener aber spotteten. „Was für ein fantasieloser Einfaltspinsel! Die größten Reichtümer hätte er haben können!“

Sessa antwortete nichts darauf. Er verließ den Saal und setzte sich ans Palasttor. Den ganzen Tag saß er dort, bis am Abend der König vorbeikam.

„Was treibst du hier?“

„Ich warte auf meine Belohnung.“

„Ist denn noch niemand bei dir gewesen? Ich werde den Leuten Beine machen!“

Als der König in den Palast ging, fand er seinen Haushofmeister in größter Aufregung.

„Der Wunsch des Weisen ist unerfüllbar. Sämtliche Vorratskammern deines Reiches bergen nicht genug Reis, selbst wenn wir 1000 Jahre lang sparen.“

„Was sagst du da? Ein König muss sein Wort halten. Der Weise hat doch nicht zu viel verlangt!“

„Das dachten wir anfangs auch und amüsierten uns köstlich, als wir die Reiskörner für die erste Reihe des Schachbretts zusammenkratzten: 1 plus 2 plus 4 plus 8 plus 16 plus 32 plus 64 plus 128 gleich 255 Reiskörner. Ein wirklich armseliges Häufchen! Heiter setzten wir unsere Arbeit fort. Nach der zweiten Schachbrettreihe waren ungefähr zwei Kilogramm Reis beisammen. Nun, dachten wir, immerhin würde ihn das für eine Weile ernähren. Dann aber wurde es immer mehr. Nach der dritten Reihe hatten wir schließlich die Nase voll vom Schleppen der Reissäcke und wandten uns an den Hofmathematiker. Eine Endsumme von 18 Trillionen 446 Billiarden 744 Billionen 73 Milliarden 709 Millionen 551 Tausend 615 Reiskörnern hat er errechnet. So viel gibt es auf der ganzen Welt nicht! Sessa hat uns zum Narren gehalten."

Der König ließ sich vom Hofmathematiker alles bestätigen. Zuerst lachte er herzlich über die Angelegenheit, doch dann wurde er nachdenklich. Steckte hinter dem Spaß, den sich der Weise erlaubt hatte, nicht auch eine Lehre? Gerne hätte der König mehr darüber erfahren, doch Sessa war mittlerweile nach Hause gegangen. Sicher tüftelte er bereits an einer neuen Erfindung.

ZUM WEITERDENKEN

- Wie fühlst du dich, wenn du nichts zu tun hast? Auf was für Gedanken kommst du dann? Was kann dabei passieren?
- Welche Beschäftigung empfiehlst du jemandem, der mit sich selbst und anderen in Unfrieden lebt? Könnte neben dem Schachspiel auch die Mathematik eine Beschäftigung sein, die den Charakter positiv verändert?
- Was hältst du von Sessas Plan, den König durch ein Spiel zu einem anderen Menschen zu machen? Wie hätte er noch vorgehen können?
- Was ist besonders am Schachspiel? Vergleiche es mit anderen Spielen! Warum bezeichnet man es als „königliches Spiel"? Wie hoch schätzt du den Wert dieser Erfindung ein?
- Was kann man anhand des Schachspiels bzw. des Schachbretts noch alles lernen?
- Was wollte Sessa den anderen mit seiner Reiskorn-Aufgabe zeigen?
- Durch Verdopplung (Verdreifachung, Vervielfachung) entsteht aus einer Kleinigkeit rasch etwas Unübersehbares. So kann etwas, das man

anfangs belächelt, zum gewaltigen Berg, zur unaufhaltsamen Lawine werden. Wo können wir dieses Prinzip beobachten? „Und ein kleines Feuer kann einen großen Wald in Brand stecken." (Jakobus 3,5)

Herr, bewahre uns davor, dass die Sünde überhandnimmt. Lass uns durch deinen Geist dreißigfach, sechzigfach, hundertfach Frucht bringen.

INFORMATIONEN

- Ob sich die Erfindung des Schachspiels genau so zugetragen hat, wissen wir nicht. Sicher ist, dass sein Ursprung in Indien liegt, und es auf dem Weg über Persien und Arabien nach Europa kam.
- Die ersten Schachfiguren waren nicht ganz wie die unseren. So war zum Beispiel der Turm ein Elefant. Auch die Regeln wurden im Laufe der Jahrhunderte immer wieder angepasst, bis sie die heutige Form bekamen.

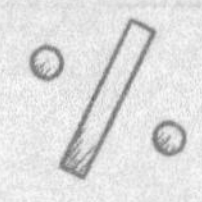

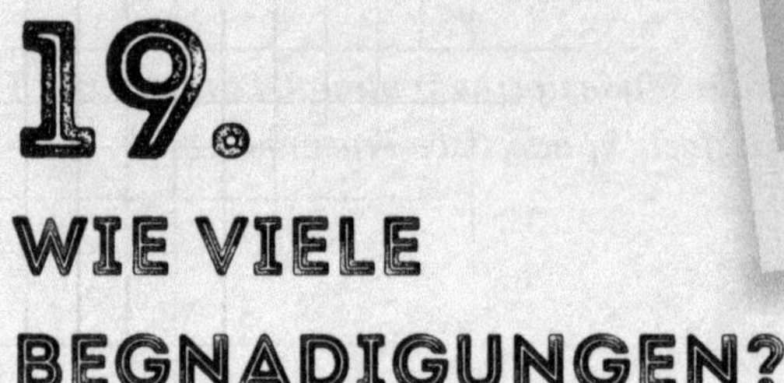

19. WIE VIELE BEGNADIGUNGEN?

Das Gefängnis des Königreiches mit seinen 1000 Zellen ist voll, und es ist nur eine Frage der Zeit, bis weitere Häftlinge hinzukommen. Der König und seine 1000 Minister denken über das Platzproblem nach. Für eine Vergrößerung des Gefängnisses will niemand Geld ausgeben, eine Doppelbelegung von Zellen kann aber auch niemandem zugemutet werden. So entschließt man sich zu einer Begnadigungsaktion.

Wie aber soll diese aussehen? Wer soll begnadigt werden und wer nicht? Darüber findet man, auch nach längerer Debatte, keine einheitliche Meinung. Schließlich sagt der König, dem wie immer das letzte Wort zukommt: „Ungern gebe ich meine Gefangenen in der Menschen Hände. Die Einflüsse von Sympathie und Bestechlichkeit wären zu groß. Doch auch der blinde Zufall darf nicht über ihr Schicksal walten. Warum sollte man die Frage nach Freiheit einem Würfel überlassen? Ich selbst wäre nie bereit, ein solches Los zu akzeptieren."

Der König legt eine Pause ein. Er weiß, dass die Fortsetzung seiner Rede die ganze Konzentration der Versammlung erfordern wird. „Nein, es erscheint mir angebrachter, in diesem Fall die völlig unparteiischen Gesetze der Mathematik anzuwenden. Sie sind logisch und gerecht, für jedermann nachvollziehbar, und ihre Durchführung stellt für ein wohlgeordnetes Staatswesen keinerlei Probleme dar."

Dann erklärt der König, was er sich ausgedacht hat. Jeder seiner Minister muss seinen Teil dazu beitragen und sich um die ihm zugewiesenen Zellentüren kümmern. Eine geschlossene Tür muss geöffnet, eine offene Tür muss geschlossen werden. So bekommt der erste Minister die Aufgabe, sämtliche Zellentüren, die ursprünglich ja geschlossen sind, zu

öffnen. Der zweite Minister muss nun an den Zellen entlanggehen und jede zweite Tür wieder schließen. Dann soll der dritte Minister seines Amtes walten. Er ist für jede dritte Tür zuständig. Findet er sie offen, muss er sie schließen, findet er sie geschlossen, muss er sie öffnen. So muss auch der vierte Minister mit jeder vierten Tür vorgehen, der fünfte Minister mit jeder fünften und so weiter. Der 1000. Minister hat sich nur noch um die 1000. Zellentür zu kümmern und sie, je nachdem, zu öffnen oder zu schließen.

Erst nach Abschluss dieses Prozederes wird es den Gefangenen erlaubt sein, sich zu bewegen. Wer eine geöffnete Zellentür vor sich hat, darf durch diese in die Freiheit gehen. Diejenigen hinter geschlossenen Türen bleiben gefangen.

Die Minister sind nach den Erklärungen des Königs zutiefst beeindruckt von so viel Weisheit und Gerechtigkeit. Einigen allerdings muss das Ganze nochmals langsam erklärt werden. Schließlich wird allen befohlen, sich am Tag der Entscheidung, nämlich am nächsten Sonntag, zur Durchführung des Begnadigungsverfahrens im Staatsgefängnis einzufinden. Und dies ist, wie mit königlichen Befehlen üblich, unanfechtbar.

Eine einzige Person erlaubt sich, über die Angelegenheit nachzudenken. „Es wird am nächsten Sonntag ein ziemliches Gedränge im Gefängnis geben“, sagt die Prinzessin zu ihrem Vater. „Außerdem ist es ein Feiertag, an dem deine Minister sich erholen sollten. Könnte ich mich nicht an ihrer Stelle um die Zellentüren kümmern?“

Der König antwortet: „Die Regeln der Mathematik sind Gesetz, und es muss alles eingehalten werden, wie ich es verordnet habe. Kannst du das?“

„Ja, ich kann es. Und ich kann es, indem ich nur einmal durchs Gefängnis gehe. Ich weiß genau, welche Gefangenen begnadigt werden, es genügt, wenn ich die entsprechenden Türen einmal öffne.“

Der König macht große Augen. So durchschaubar also sind für manche die Gesetze der Mathematik! Nun, da er ein weiser Herrscher ist und Vertrauen zu seiner Tochter hat, gibt er ihr freie Hand und den Ministern für nächsten Sonntag frei.

Was wird am Sonntag passieren? Welche Zellentüren wird die Prinzessin öffnen? Wie viele Begnadigte wird es geben?

ZUM WEITERDENKEN

- Gekonnte Anwendung von Mathematik kann Arbeit ersparen – eine Prinzessin ersetzt 1000 Minister. Finde heraus, was sie sich dabei überlegt hat!
- Wie gefällt dir das Begnadigungsverfahren des Königs? Schlage etwas anderes vor!
- Wo werden heutzutage mathematische Verfahren (= Algorithmen) verwendet, um menschliche bzw. gesellschaftliche Angelegenheiten zu regeln? Wie findest du das?
- Gottes „Begnadigungsverfahren" sieht anders aus. Es kann sein, dass unsere Türen durch Sünde, Angst und Hoffnungslosigkeit verschlossen sind. Sosehr wir auch probieren und tüfteln, uns auflehnen oder es gar mit Gewalt versuchen – der Weg in die Freiheit bleibt versperrt. Doch auf einmal steht Jesus in unserer Zelle und spricht: „Ich bin das Tor. Wenn jemand durch mich hineinkommt, wird er gerettet." (Johannes 10,9)

Herr Jesus, bitte lass mich von den leeren Versprechungen dieser Welt weg auf dich schauen. Du bist der wahre Erlöser!

20. DAS DUELL

„Wer will gegen mich antreten?“, rief der japanische Händler. Herausfordernd hielt er einen Holzrahmen in die Höhe und rasselte mit den Kugeln, die darin hin- und herglitten. Es war ein Abakus. Da er vom Verkauf solcher Geräte lebte, musste er auch zeigen, wie schnell und sicher man damit die verschiedensten Rechenoperationen erledigen konnte.

Die Mitarbeiter des brasilianischen Restaurants schüttelten die Köpfe. Durch ihren ständigen Umgang mit Geld waren sie zwar das Kopfrechnen gewöhnt – Additionen und Subtraktionen machten ihnen nicht mehr Mühe als das Zubereiten eines Rindersteaks oder Milchkaffees. Doch da dieser Händler mit allen Wassern gewaschen zu sein schien, wollte sich niemand auf einen Wettkampf einlassen.

„Fragen Sie doch unseren Gast dort“, sagte ein Kellner und zeigte auf einen Mann, der in einer Ecke ein Reisgericht verspeiste. Dieser zögerte anfänglich – doch dann nahm er die Herausforderung an. Er war offensichtlich fremd in der Stadt und einem kleinen Abenteuer nicht abgeneigt.

Zuerst kamen Additionen dran. Die Kellner nannten zwei Zahlen, der Fremde schrieb sie auf ein Blatt Papier, wo er die Rechnung durchführte. Währenddessen schob der Japaner in Windeseile die Kugeln seines Abakus' hin und her. Schon konnte er das Ergebnis ablesen und hatte damit die erste Runde gewonnen!

„Lasst uns nun auch ein wenig multiplizieren“, meinte der Fremde. „Aber schreibt die Aufgabe für jeden von uns auf, ohne sie vorzulesen! Der Händler ist sonst im Vorteil, da er die Zahlen einstellen kann, während ich noch schreiben muss.“

So tat man es. Beide Kontrahenten bekamen gleichzeitig einen Zettel mit zwei Zahlen, auf die sie sich voller Kampfgeist stürzten. Und siehe da,

Multiplikationen schienen dem Fremden zu liegen. Diese Runde gewann der Japaner nur knapp.

Alle Anwesenden hatten Feuer gefangen, besonders der Japaner, der seine Kunst auch beim Dividieren zeigen wollte. Tatsächlich, kurz nachdem man ihm eine Aufgabe gereicht hatte, war sie mithilfe des Abakus' gelöst. Und der Fremde? Der Japaner traute seinen Augen nicht: Der hatte es mit der schriftlichen Methode genauso schnell geschafft. Ein richtiger Rechenkünstler!

Was sollte nun die Entscheidung bringen? „Lasst uns dritte Wurzeln ziehen!", schlug der Japaner vor. „Das ist noch komplizierter."

Um der Geschichte folgen zu können, müssen wir uns ins Gedächtnis zurückrufen, worum es beim Ziehen von dritten Wurzeln geht: Die dritte Wurzel aus y ist diejenige Zahl x, die dreimal mit sich selbst multipliziert y ergibt.

Anders ausgedrückt: $\sqrt[3]{y} = x$ bedeutet, dass $x \cdot x \cdot x = y$ ist.

Beispiel: Die dritte Wurzel aus 125 ist 5, denn 5 mal 5 mal 5 ergibt 125.

Achtung: Das Ziehen der dritten Wurzel ist nicht das Gleiche wie das Teilen durch 3! Die Wettkampf-Aufgabe hieß nun: „Zieht die dritte Wurzel aus 1729,03!"

Eine Kommazahl – das war keine Kleinigkeit! Das Ergebnis würde wieder eine Kommazahl sein, und zwar eine ziemlich lange ... Dennoch machte sich der Japaner gleich ans Werk und hantierte flink mit den Abakuskugeln hin und her. Der Fremde aber tat nichts weiter, als in die Luft zu blicken.

„Worauf warten Sie?", fragte einer der Kellner.

„Ich überlege", antwortete der Fremde. Dann schrieb er ruhig „12" auf sein Papier und überlegte weiter. Nach ein paar Sekunden setzte er ein Komma, dahinter zwei Nullen und eine 2.

Währenddessen kam der Japaner richtig ins Schwitzen. Es dauerte eine ganze Weile, bis er aufblickte und „12" sagte.

„Das reicht nicht. Bitte auch die Nachkommastellen!"

Also beugte er sich wieder über den Abakus. Als er das Zwischenergebnis „12,0" verkünden konnte, hatte der Fremde seiner Zahl bereits zwei weitere Nachkommastellen angefügt: „12,00238." Ein beachtlicher Vorsprung!

„Dabei hat er die ganze Rechnung im Kopf gemacht", riefen die Kellner begeistert. „Er ist der Sieger!" Ja, das musste auch der Japaner zugeben: Je anspruchsvoller die Aufgaben waren, umso weniger schien ihm sein

Gerät zu nutzen. Er packte den Abakus ein und verließ kleinlaut das Restaurant.

Zurück blieb der Fremde, in dem wir endlich den Physiker Richard Feynman erkennen, der für seine Forschungsergebnisse im Jahr 1965 den Nobelpreis erhielt. Nebenbei war er auch ein begeisterter Kopfrechner.

Einige Wochen später traf er den Japaner wieder. Dieser wollte nun wissen, wie Feynman es schaffte, so rasch und souverän dritte Wurzeln zu ziehen. „Oh, das ist ein alter Kniff", erklärte Feynman. „Ich ziehe gar nicht direkt die dritte Wurzel, sondern mache eine Näherungsrechnung. Wenn man zum Beispiel die dritte Wurzel aus 28 ziehen will, kann man ausnutzen, dass 3 die dritte Wurzel aus 27 ist. Man nimmt nun die 3 und ..."

Weiter kam Feynman nicht. Der Japaner schaute ihn mit großen Augen an. „3? Wie haben Sie das so schnell herausgekriegt? Einen Moment bitte!" Er griff nach seinem Abakus und machte eine Kontrollrechnung.

Jetzt aber staunte Feynman. Konnte der andere diese einfache Rechnung nicht im Kopf? Wusste er nicht, dass er nur 3 mal 3 mal 3 zu rechnen hatte? Offensichtlich hatte der Mann überhaupt kein Zahlenverständnis. Die Kugeln seines Abakus' nach einem Schema hin und herzuschieben war alles, was er konnte. Das Ziehen der dritten Wurzel war für ihn eine bloße Kombination von Handgriffen, keine Operation mit Zahlen. So wundert es nicht, dass er auch keinen Sinn für „Näherungslösungen" hatte.

Nun, zum Verkaufen von Abakussen mag das genügen, aber nicht, um einen Nobelpreisträger zu schlagen!

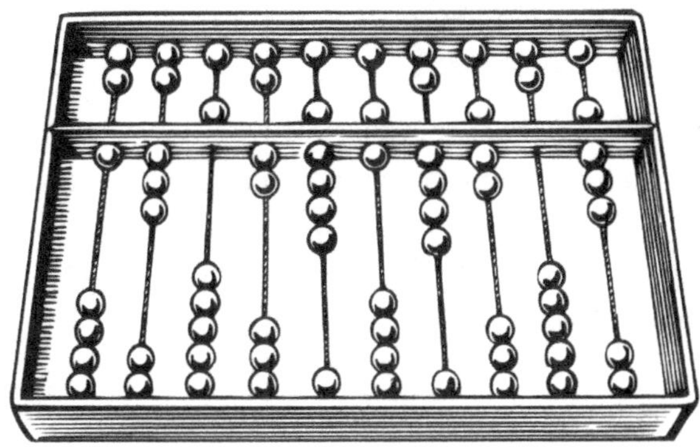

ZUM WEITERDENKEN

- Der Japaner hatte ein oberflächliches, Feynman ein tiefgründiges Zahlenverständnis. Damit war jeder mit dem ausgerüstet, was er für seinen Beruf brauchte: Der eine musste seine Kunden von der Nützlichkeit des Abakus' überzeugen und dazu Rechendemonstrationen machen. Der andere setzte Zahlen und Formeln ein, um physikalische Probleme zu lösen.
- Die Menschen sind unterschiedlich. Die einen wollen alles verstehen und investieren viel Zeit und Energie, um einer Sache auf den Grund gehen. Die anderen scheren sich nicht um Theorie, bleiben an der Oberfläche und begnügen sich mit den Handgriffen, die man fürs tägliche Leben braucht.
- Beides hat Vor- und Nachteile. Fallen dir Beispiele ein?
- Auch Glaubensfragen werden von den Menschen unterschiedlich angegangen. Fallen dir Beispiele ein?
- „Weisheit musst du mit Weisheit erwerben. Verschaff dir Einsicht mit allem, was du hast." (Sprüche 4,7)

Herr, bitte gib mir Verständnis für die Menschen und Dinge, mit denen ich zu tun habe. Schenke, dass ich meine Aufgaben auf verständige Weise erledigen kann. Bewahre mich aber auch davor, mich in Theorien zu verlieren, die zu nichts führen.

INFORMATIONEN

- Richard Feynman war bekannt für unkonventionelle Vorgehensweisen beim Problemlösen. Seine Vorträge waren sehr lebendig und äußerst beliebt.
- Feynman berechnete zuerst $\sqrt[3]{1728} = 12$ und $1729{,}03 - 1728 = 1{,}03$, dann wandte er folgende Näherungsformel an:

$$\sqrt[3]{1729{,}03} \approx 12 + \frac{1}{3} \cdot \frac{1{,}03}{1728} \cdot 12$$

Beachte, dass man in der Formel noch kürzen kann und so eine Rechnung erhält, die ein geübter Rechner im Kopf hinbekommt.

- Prüfe, ob diese Formel auch für die Berechnung von $\sqrt[3]{28}$ eine gute Näherung liefert. Verwende dazu, dass $\sqrt[3]{27} = 3$ ist.
- Hinter der Formel steckt ein mathematisches Verfahren, das man „Taylor-Reihe" nennt. In der Schule wird dieses Verfahren nicht durchgenommen. Doch wer später Mathematik, Physik oder Ingenieurwissenschaften studiert, muss sich damit herumschlagen.
- Diese Geschichte ist in Richard Feynmans autobiografischer Schrift „Sie belieben wohl zu scherzen, Mr. Feynman!" zu finden. Er berichtet hier auch über manch andere denkwürdige Begebenheit.

21. DIE TAXI-NUMMER

Als Mathematikprofessor Hardy eines Morgens im Jahr 1913 seine Post öffnete, war darunter ein eigenartiger Brief aus Indien. Der Absender, ein gewisser Srinivasa Ramanujan, hatte zwischen ein paar unbeholfene Sätze eine ganze Reihe angeblich selbst entwickelter Formeln gekritzelt. Einige von ihnen waren Professor Hardy bekannt, einige schienen falsch zu sein, viele aber wiesen in mathematisches Neuland. Erstaunlicherweise waren keine Herleitungen, Beweise oder Kommentare beigefügt.

Hardy besprach sich mit seinen Kollegen, alle waren der gleichen Meinung: „Diesen Mann müssen wir kennenlernen!" Aber auf eine Einladung an die Universität Cambridge antwortete Ramanujan ausweichend mit weiteren Formeln. Die Fremde war ihm unheimlich, erst nach einem Jahr erklärte er sich bereit, die Reise nach England anzutreten.

Und so sah der Mann aus, der im Sommer 1914 in Cambridge eintraf: braune, pockennarbige Haut, schwarze Haare, ein in sich gekehrter Blick. Er war zurückhaltend und bescheiden, besaß keine akademische Ausbildung, da ihn keine indische Universität je angenommen hatte. Die Aufnahmeprüfungen in Mathematik hatte er zwar stets problemlos bestanden, aber nicht die in Englisch und Wirtschaftskunde. Seine mathematischen Kenntnisse, durch die Lektüre mittelmäßiger Lehrbücher erworben, waren deshalb äußerst lückenhaft. Doch dies kompensierte er mit einer unbegreiflichen Intuition und Originalität. Die mathematischen Ergebnisse schienen ihm nur so zuzufliegen. Vieles war ihm einfach so klar – ohne strenge Begründung.

Ramanujan wurde bald berühmt – in Mathematikerkreisen und darüber hinaus. Trotzdem blieb er bescheiden. Das englische Wetter setzte

ihm zu, er lag deshalb oft krank zu Hause im Bett. Da besuchte ihn einmal Hardy, der mittlerweile nicht nur ein Kollege, sondern ein Freund geworden war.

„Das Taxi, mit dem ich kam“, sagte Hardy, „hatte die Nummer 1729. Eine langweilige Zahl, nicht wahr?“

Ramanujan lächelte. „Oh nein, diese Zahl ist außerordentlich interessant.“

„Wirklich?“

„Ja. Es ist die kleinste Zahl, die sich auf verschiedene Arten als Summe von zwei Kubikzahlen darstellen lässt.“

Klingt kompliziert, nicht wahr? Hardy wird erst mal geschluckt, dann Papier und Stift aus der Tasche gezogen haben, um die Sache zu überprüfen. Lass uns das auch tun! Um zu verstehen, was Ramanujan meinte, müssen wir uns ein paar Zahlen vornehmen und diese genauer untersuchen.

So zum Beispiel die 8. Was sind die Eigenschaften dieser Zahl? Wie man in der Schule lernt, erhält man sie durch dreimaliges Multiplizieren der 2 mit sich selbst. 8 ist also das Gleiche wie 2 hoch 3 – und wird, wegen der Hochzahl 3, als Kubikzahl bezeichnet.

Gehen wir weiter zur 9. Auch diese Zahl hat es in sich. Wir wissen, dass es sich um eine Quadratzahl handelt, da $3^2 = 9$ ergibt. Doch lassen wir mal die Quadratzahlen beiseite und fragen uns, ob die 9 etwas mit Kubikzahlen zu tun hat. Antwort: Ja, wenn man einen kleinen Umweg in Kauf nimmt. Die 9 selbst gehört zwar nicht zu den Kubikzahlen, kann aber als Summe zweier solcher geschrieben werden: $2^3 + 1^3 = 9$. Weil das so ist, wollen wir die 9 als „interessante Zahl“ bezeichnen.

Aufgabe: Suche weitere interessante Zahlen! Bist du fündig geworden? Wie wär’s mit 28? Da $3^3 + 1^3 = 28$ ergibt, ist 28 eine interessante Zahl. Und 35 ebenso, denn es gilt $3^3 + 2^3 = 35$.

Eine interessante Zahl zu basteln ist das eine – man nimmt einfach zwei Zahlen, erhebt sie zur dritten Potenz und addiert die Ergebnisse. Zu prüfen, ob eine Zahl interessant ist, ist etwas anderes, da man die Zerlegung in zwei Kubikzahlen erst noch finden muss. Kannst du sagen, warum die Zahlen 1001, 1008 und 1027 interessant sind? Warum fällt es hier leicht, die gesuchte Zerlegung zu finden?

Nun zurück zu Hardys Taxinummer 1729. Gibt es eine Zerlegung dieser Zahl in zwei Kubikzahlen? Nimm dir etwas Zeit für diese Aufgabe und benutze, wenn nötig, den Taschenrechner!

Bravo! Durch Ausprobieren hast du herausgefunden, dass 1729 gleich $12^3 + 1^3$ ist und damit das Interessantsein unserer Zahl bestätigt. Oder bist du etwa auf die Beziehung $1729 = 10^3 + 9^3$ gestoßen? Tatsächlich, das wäre eine andere Zerlegung von 1729 in Kubikzahlen – ein Ergebnis, das unser Interesse noch erhöht. Man kann sagen: Da die Zahl 1729 auf zwei verschiedene Arten in Kubikzahlen zerlegbar ist, ist sie sogar hochinteressant!

Natürlich stellt sich die Frage, ob es noch viele solche hochinteressanten Zahlen gibt oder ob diese Eigenschaft eher selten ist. Ramanujan jedenfalls sagte zu Hardy, dass 1729 die kleinste hochinteressante Zahl sei.

Wie hatte Ramanujan das so schnell und ohne Taschenrechner oder Computer herausgefunden? Oder war es eine Erkenntnis, mit der er schon längst vertraut war? Denkbar ist, dass er sich mit dieser Zahl früher schon beschäftigt hatte. So wie andere Menschen ein Gedicht oder ein Musikstück durchgehen, um sich daran zu erfreuen, so nahm sich Ramanujan Zahlen bzw. Zahlenprobleme vor. Sei es vor dem Schlafengehen, bei Spaziergängen oder sonst wo – das Rechnen, das Vergleichen der Ergebnisse, das Entdecken von Zusammenhängen entspannte ihn, lenkte ihn ab, wenn es ihm mal schlecht ging. In der Welt der Zahlen fühlte er sich geborgen, er war mit den Zahlen auf „Du".

ZUM WEITERDENKEN

- Lohnt sich deiner Meinung nach die Beschäftigung mit Zahleneigenschaften?
- Stelle die interessanten Zahlen mit einer Tabellenkalkulation dar! Findest du die 1729 in deiner Tabelle? Woran erkennst du, dass diese Zahl die kleinste hochinteressante ist?
- Kennst du Zahlen, die nicht interessant sind?
- Ramanujan machte seine Entdeckungen, weil er mit Freude und Hingabe an die Sache ging. Etwas vorschnell als „langweilig" einzustufen, blockiert die Erkenntnis.
- Hast du dich auch schon mal abfällig über etwas geäußert, und später stellte sich heraus, dass dein Urteil falsch war?
- Bei einer Taxinummer mag das halb so schlimm sein. Wo aber können Fehlurteile Schaden anrichten?

- Wenn du jemanden triffst, der äußerlich nicht viel hergibt, der nicht im Mittelpunkt steht wie andere, sondern unbeachtet am Rande – dann denke an die Zahl 1729. In jedem Menschen können verborgene Schätze stecken. Es lohnt sich, auch in die „Mauerblümchen" Zeit und Geduld zu investieren.
- „Nein, Gott hat gerade das ausgewählt, was der Welt als dumm und schwach erscheint." (1. Korintherbrief 1,27)

Herr, wir dürfen uns an Musik, Kunst, Literatur und auch an Mathematik erfreuen. Hab Dank dafür! Danke, dass es besonders in ganz unscheinbaren Dingen so viel zu entdecken gibt.

INFORMATIONEN

- Für die Zahlenwelt war es ein großer Verlust, dass das bescheidene Genie Ramanujan bereits im Alter von 32 Jahren verstarb.
- Ramanujans Leben wird in dem Spielfilm „The man who knew infinity" packend dargestellt.
- Die Anekdote mit der Taxinummer findet sich zum Beispiel in „Das Mathematikbuch 3" (Klett-Verlag).
- Ramanujans Einblicke in die Welt der Mathematik muten geradezu übernatürlich an. Ramanujan selbst war überzeugt, dass seine Eingebungen von seiner hinduistischen Göttin „Namagiri" kamen.

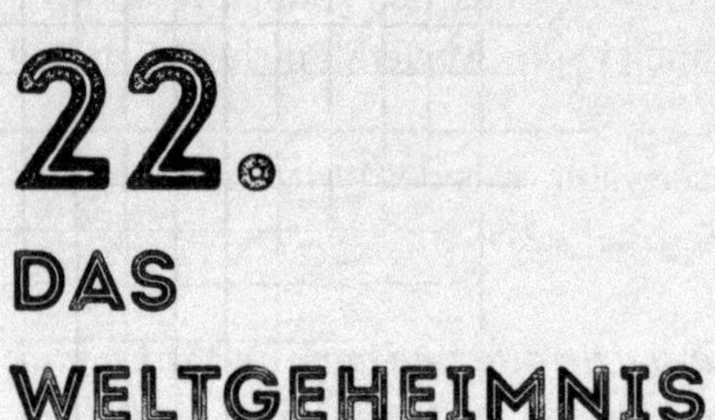

22. DAS WELTGEHEIMNIS

Die meisten Astronomen der Antike und des Mittelalters, besonders der berühmte Ptolemäus, vertraten ein Weltbild, das jeder leicht nachvollziehen kann, der eine Weile den Himmel beobachtet: Sonne, Mond, Sterne und Planeten bewegen sich um die ruhende Erde. Die Erde ist der Mittelpunkt des Universums.

Doch im Buch „Von den Umdrehungen" aus dem Jahr 1543 legte Domherr Nikolaus Kopernikus eine ganz andere Sichtweise dar: Zwar scheint es so, als würde die Sonne morgens aufgehen und am Himmel ihre Bahn ziehen, in Wirklichkeit aber steht sie still, während die Erde und die anderen Planeten sie umkreisen.

Dieses „kopernikanische Weltbild" war lange Zeit umstritten, es wurde weder an Schulen noch an Universitäten unterrichtet. Nur eine kleine Schar von Gelehrten war überzeugt, dass sich damit die Welt viel besser erklären ließ. Zu ihnen gehörte auch der Mathematiklehrer und Astronom Johannes Kepler.

Doch Kepler begnügte sich nicht zu sagen: „Die Planeten kreisen um die Sonne." Er wollte wissen, wie und warum sie sich so bewegen: „Warum sind die Abstände zwischen Planeten und Sonne so, wie sie sind? Und warum sind es genau sechs Planeten – die fünf Planeten Merkur, Venus, Mars, Jupiter und Saturn, die wir am Himmel sehen, und die Erde? Warum ist es nicht einer mehr oder weniger?" Dass tatsächlich noch zahlreiche andere Planeten die Sonne umkreisen, ahnte damals niemand.

Für Kepler konnte all dies kein Zufall sein. Er war überzeugt, dass Gott die Welt auf eine schöne, harmonische Weise geschaffen hatte. Dabei maß Kepler der Geometrie eine besondere Rolle zu. Ihre Gesetze hatte Gott für

sein Schöpferwerk benutzt, sie liegen in der Natur verborgen, und wer sie herausfindet, denkt Gottes Gedanken nach.

Der junge Astronom zerbrach sich den Kopf. Inbrünstig betete er: „Herr, lass mich die Rätsel der Schöpfung aufdecken!" Schließlich stieß er in den Schriften der alten Griechen auf die fünf vollkommenen Körper, auch platonische Körper genannt. Hier sind sie mit ihren griechischen Namen abgebildet:

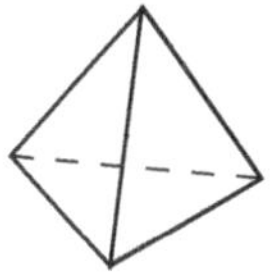

Tetraeder

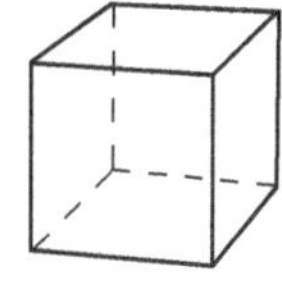

Hexaeder

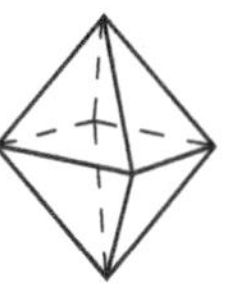

Oktaeder

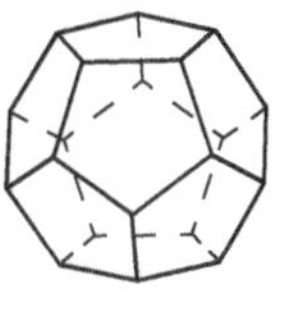

Dodekaeder

Ikosaeder

Auf Deutsch heißen sie: Vier-Flächner, Würfel, Acht-Flächner, Zwölf-Flächner und Zwanzig-Flächner.

Schon die Griechen wussten, dass es nur fünf solche vollkommen gleichmäßige Körper gibt. Es ist unmöglich, einen weiteren zu basteln.

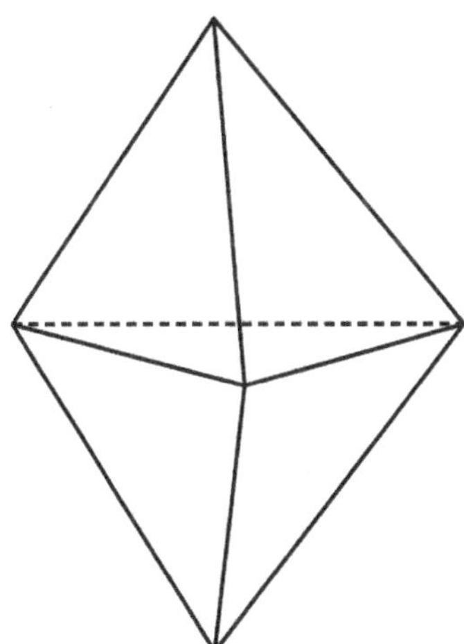

So mag diese doppelte Pyramide zwar ziemlich gleichmäßig aussehen, sie ist aber doch nicht vollkommen. In ihren Spitzen laufen jeweils drei Kanten zusammen, in den seitlichen Ecken dagegen vier. Bei vollkommenen Körpern gibt es keine solche Unregelmäßigkeiten.

Kepler dachte: „Da Gottes Schöpfung vollkommen ist, werden die vollkommenen Körper eine Rolle in ihr spielen. Die 5 liegt schließlich nahe bei der 6 – fünf platonische Körper, sechs Planeten, das ist sicher kein Zufall! Was also haben Planeten und platonische Körper miteinander zu tun?"

Mitten in einer Unterrichtsstunde kam der Geistesblitz: Könnte es sein, dass es zwischen den einzelnen Planeten unsichtbare platonische Körper gibt? Hat Gott die Kugeln der Planetenbahnen so bemessen, dass man sie in und um die platonischen Körper legen kann? Folgende Anordnung erschien Kepler vor seinem inneren Auge:

Zwischen Merkur und Venusbahn liegt ein Oktaeder,
zwischen Venus- und Erdbahn ein Ikosaeder,
zwischen Erd- und Marsbahn ein Dodekaeder,
zwischen Mars- und Jupiterbahn ein Tetraeder
und zwischen Jupiter- und Saturnbahn ein Würfel.

Kepler jubelte über diese Erkenntnis, Tränen traten in seine Augen. Das also war das Weltgeheimnis! Gott hatte es ihn in seiner Gnade finden lassen.

Natürlich musste alles noch überprüft werden. Kepler stürzte sich, unter Verwendung der Zahlen des Kopernikus, in komplizierte Berechnungen. Immer wieder tauchten Abweichungen zwischen Theorie und Wirklichkeit auf, und manches Mal war Kepler nahe daran, aufzugeben. Doch dann, nach wochenlangen Anstrengungen, stand fest, dass er recht hatte. So und nur so waren die Planetenbahnen zu verstehen! Nun endlich wusste man, warum es sechs Planeten gibt, und warum sie in genau diesen Abständen um die Sonne kreisen.

Ergriffen betete Kepler zu Gott: „Ich aber suche die Spur deines Geistes draußen im Weltall, schaue verzückt die Pracht des mächtigen Himmelsgebäudes, dieses kunstvolle Werk, deiner Allmacht herrliche Wunder ..."

Kepler veröffentlichte seine Entdeckungen in einem Buch, das er an die bedeutendsten Wissenschaftler seiner Zeit schickte – unter anderem an den kaiserlichen Mathematiker und Astronomen Tycho de Brahe in Prag und den Physiker Galileo Galilei in Italien. Viele äußerten sich positiv, manch einer begeistert – Keplers Ruf als Gelehrter war gefestigt! Um sein System auch am Stuttgarter Fürstenhof bekannt zu machen, plante er ein Modell in Form eines kostbaren Metallbechers, der die Verschachtelung von Planetenbahnen und platonischen Körpern zeigen sollte.

Leider wurde dieses Vorhaben nie zu Ende gebracht. Nur eine Abbildung in Keplers Buch gibt eine Vorstellung, wie das Ganze gedacht war.

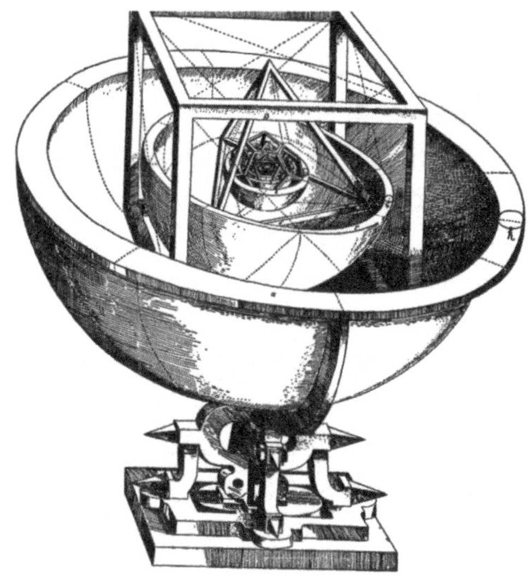

Wie bereits erwähnt, konnte Kepler damals von Uranus und Neptun, von Pluto und den anderen Kleinstplaneten nichts wissen. Es gab noch kein Fernrohr; Kepler ahnte nicht, dass er selbst einmal so ein Instrument erfinden würde. Seit der Antike beobachtete man nur fünf Planeten am Himmel, dazu kam die Erde als sechster Planet. Darüber hinaus konnte man sich nichts vorstellen. Kein Wunder also, dass sich Kepler Gedanken machte, die einem heutigen Wissenschaftler naiv vorkommen.

Doch in mancher Hinsicht waren diese Gedanken sehr fortschrittlich. Bisher hatte man sich damit begnügt festzustellen, dass es genau sechs Planeten gab – Kepler dagegen suchte nach Gründen. Warum ist etwas so, wie es ist? Gibt es eine mathematische Erklärung? Das sind schon ziemlich moderne Fragen! Auch wenn der junge Astronom mit seiner Sechs-Planeten-Theorie nicht ganz richtig lag, so war es doch ein bewundernswerter Versuch, dem bald andere folgen würden. Im Laufe seines Lebens würde er noch manche Frage stellen und in mühevoller Arbeit Antworten finden, die zu einer neuen Wissenschaft führten.

ZUM WEITERDENKEN

- Zum Erkenntnisgewinn gehört das Fragenstellen. Scheue dich nicht davor!
- Trau dich, unkonventionellen Vermutungen nachzugehen. Aber sei auch bereit, deine Vermutungen wieder zu verwerfen! Möglicherweise liegt die Wahrheit ganz woanders.
- „Jetzt sehen wir wie in einem blank polierten Stück Metall nur rätselhafte Umrisse ... Jetzt erkenne ich nur Teile des Ganzen." (1. Korintherbrief 13,12)
- Keplers Glaube an einen Schöpfergott kann auch uns zum Forschen motivieren.
- „Für Gott gibt es in der ganzen Körperwelt körperliche Gesetze, Zahlen und Verhältnisse. Es sind wunderschöne und auf das Beste angeordnete Gesetze ... Jene Gesetze liegen im Fassungsvermögen des Menschen. Gott wollte, dass wir sie erkennen. Er schuf uns deswegen nach seinem Bilde, damit wir an seinen eigenen Gedanken Anteil bekämen." (Johannes Kepler)
- Die Kepler-Zitate stammen aus der Biografie „Johannes Kepler" von Thomas Posch (S. 53) und „Johannes Kepler, Leben und Briefe" von Carola Baumgardt (S. 43).

Herr, deine Schöpfung ist voll faszinierender Zusammenhänge. Danke, dass wir immer wieder neu erkennen dürfen, wie du alles weise geordnet hast.

23. DIE ARECIBO-BOTSCHAFT

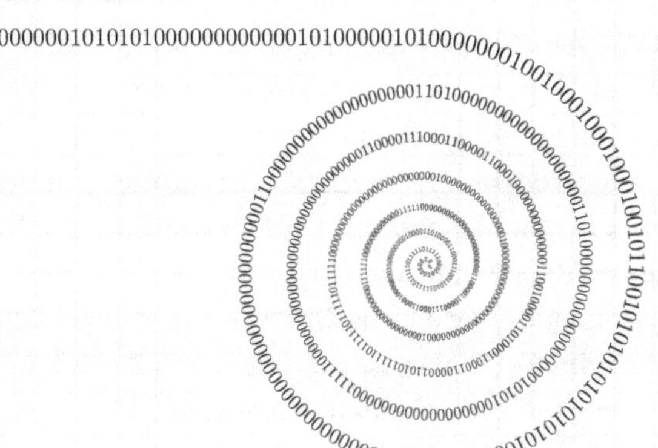

Angenommen, man legt dir eine Papierrolle mit einer langen Reihe von Nullen und Einsen auf den Schreibtisch und sagt: „Bitte entschlüssele das!“

Eigentlich hättest du anderes zu tun, als dich mit so einem Zahlendurcheinander abzugeben. „Aber“, sagst du, „wenn hier eine Botschaft verborgen ist, dann ist alles andere zweitrangig.“

Also versuchst du dieses und jenes, schaust die Zeichenfolge mal von der einen, mal von der anderen Seite an, aber sie will ihr Geheimnis nicht preisgeben. Schließlich kommst du auf die Idee, die Ziffern zu zählen. Das dauert seine Zeit, und wenn du Glück hast, unterstützt dich jemand dabei. Das Ergebnis: Insgesamt stehen auf der Rolle 1679 Nullen und Einsen.

Hat diese Zahl etwas mit der Botschaft zu tun? Ist sie für die Entschlüsselung wichtig? Da du in Mathematik immer gut aufgepasst hast, fällt es dir jetzt leicht, einige Eigenschaften von 1679 herauszufinden. Sicher, es

ist eine relativ große Zahl. Sie ist ungerade, da die Division durch 2 nicht aufgeht. Auch durch 3 ist sie nicht teilbar, das erkennt man durch Bildung ihrer Quersumme.

Du fragst dich, durch welche Zahl man 1679 überhaupt teilen kann. Mithilfe eines Taschenrechners probierst du es aus: 1679 geteilt durch 4, 1679 geteilt durch 5, 1679 geteilt durch 6 ... Jedes Mal erhältst du ein Ergebnis mit vielen Stellen nach dem Komma – also nichts, was weiterhelfen würde. Aber eine so große Zahl muss doch durch irgendetwas teilbar sein! Du setzt die Arbeit fort, dividierst die Zahl durch 7, durch 8, durch 9 ...

Erst mit der 23 hast du Erfolg: 1679 geteilt durch 23 ergibt 73. Andersherum gesagt: 23 mal 73 ist gleich 1679. Nach weiterem Probieren stellst du fest, dass das die einzige Möglichkeit ist, unsere Zahl in Faktoren zu zerlegen. Es ist die sogenannte Primfaktorzerlegung von 1679.

Ein Geistesblitz lässt dich an den Schrebergarten deines Großonkels denken, ein langgezogenes, rechteckiges Grundstück mit den Maßen 23 mal 73 Meter, also einer Fläche von 1679 Quadratmetern. Na ja, die Geheimbotschaft wird kaum etwas mit Gartenbau zu tun haben, aber vielleicht doch etwas mit einer Fläche. Wie wäre es, diese 1679 Zeichen als Rechteck anzuordnen? Dazu muss man nur die Rolle in Stücke mit einer Länge von 23 Zeichen zerschneiden. Die ersten 23 Zeichen ergeben die erste Reihe des Rechtecks, darunter kommen die nächsten 23 Zeichen und so weiter, bis 73 Reihen untereinanderstehen.

Es kostet dich einiges an Mühe, doch schließlich hast du das Rechteck vor dir – eine Art Bild bestehend aus Nullen und Einsen. Die Angelegenheit hat dich mittlerweile völlig gepackt, verblüfft schaust du das Bild an. Tatsächlich scheinen Muster darin zu stecken, und um diese besser zu erkennen, nimmst du Farbstifte zur Hand und markierst, sagen wir mal, die Nullen mit Grau, die Einsen mit Rot.

Es sticht nun förmlich in die Augen: Im unteren Teil des Bildes ist ein Männchen abgebildet – ein Mensch und um ihn herum Muster und Symbole, die, so vermutest du, etwas über den Menschen mitteilen möchten. Die Entschlüsselungsaufgabe ist also noch nicht beendet, du musst dir jetzt die einzelnen Teile des Bildes vornehmen.

Machen wir's kurz: In das Rechteck eingebaut sind Informationen über den Wohnort des Menschen, das heißt über die Lage der Erde im Sonnensystem, man findet die ungefähre Zahl der Erdbevölkerung und die Größe

des Menschen, den Aufbau seines Erbgutes und die chemischen Bestandteile menschlichen Lebens überhaupt. Dazu enthält das Bild Zahlen des Binärsystems, die ja auch in der Informatik eine Rolle spielen, und die, wenn man sie nur richtig liest, das verraten, was der Verfasser der Botschaft gemeint hat.

„Wer aber ist der Verfasser?“, willst du nun endlich wissen. „Und warum hat er all das so umständlich verschlüsselt?“

Dazu wenden wir uns an einen Experten, der uns die Sache erklären kann:

„Diese Botschaft dient der Kontaktaufnahme.“

„Wie bitte?“

„Ja, so ist es. Wir schicken sie mit einem Radioteleskop ins Weltall und hoffen, dass außerirdische Zivilisationen etwas mit ihr anfangen können. Dies ist nicht ganz ausgeschlossen, da auch dir eine Entschlüsselung gelang.“

„Nun, einfach war es nicht gerade.“

„Mag sein. Aber einen deutschen Text können wir für unser Vorhaben schlecht verwenden, und Englisch verstehen Außerirdische genauso wenig! Die nötigen linguistischen Analysemethoden sind anderswo im Universum ja völlig unbekannt. Hingegen sind die Regeln der Mathematik universell, eine Primfaktorzerlegung funktioniert bei uns genauso wie im Kugelsternhaufen M13.“

Mit dieser Überzeugung wurde im Jahr 1974 die Botschaft, das heißt die Folge von 1679 Nullen und Einsen, in den Weltraum geschickt. Das dazu verwendete Radioteleskop nahe der Stadt Arecibo auf Puerto Rico ist übrigens auch in der Botschaft beschrieben. Die Übertragung dauerte knapp drei Minuten, wichtige Staatsoberhäupter waren bei diesem außenpolitischen Akt anwesend.

Ob wir wohl Antwort erhalten? Der angepeilte Kugelsternhaufen ist 25 000 Lichtjahre entfernt, man muss sich also gedulden.

ZUM WEITERDENKEN

- Forsche nach, ob die Bibel etwas über außerirdisches Leben sagt!
- Oben wurde die Teilbarkeit von 1679 untersucht, indem man 1679 nacheinander durch 2, 3, 4, 5, 6 usw. teilte. Kann man dieses Verfahren

vereinfachen? Das wäre besonders für die nützlich, die keinen Taschenrechner zur Verfügung haben.

- Galileo Galilei hat gesagt, dass Gott das Universum in der Sprache der Mathematik beschrieben hat. Kannst du dem zustimmen? Gelten die Gesetze der Mathematik wirklich überall? Was kann man nicht durch Mathematik ausdrücken?
- Es mag stimmen, dass Gott bei der Erschaffung der Welt Mathematik benutzt hat. Aber er versteht nicht nur die Sprache der Mathematik. Wenn wir mit ihm reden wollen, brauchen wir keine Botschaften umständlich zu verschlüsseln. Gott versteht Deutsch, Französisch, Englisch, er versteht Dialekte, Poesie, Musik, er versteht auch mein Gestammel. „Ob ich sitze oder stehe, du weißt es, du kennst meine Gedanken von fern." (Psalm 139,2)

Schöpfer des Universums, ich danke dir, dass du mir nahe bist! Danke, dass du mich verstehst, wenn ich dich anrufe!

INFORMATIONEN

- Autor der Arecibo-Botschaft war der Astronom Frank Drake, der sie seinem Kollegen Carl Sagan vorlegte. Und der konnte sie tatsächlich vollständig entschlüsseln!
- Die Entschlüsselung der Arecibo-Botschaft findest du bei Wikipedia oder unter http://www.signale.de/arecibo.
- Das Radioteleskop in Arecibo war lange Zeit das größte der Welt. Im Jahr 2020 wurde es schwer beschädigt und muss nun abgerissen werden.

0 0 0 0 0 0 1 0 1 0 1 0 1 0 0 0 0 0 0 0 0 0 0
0 0 1 0 1 0 0 0 0 0 1 0 1 0 0 0 0 0 0 0 1 0 0
1 0 0 0 1 0 0 0 1 0 0 0 1 0 0 1 0 1 1 0 0 1 0
1 0 1 0 1 0 1 0 1 0 1 0 1 0 1 0 0 1 0 0 1 0 0
0 0 0 0 0 0 0 0 0 0 0 0 0 0 0 0 0 0 0 0 0 0 0
0 0 0 0 0 0 0 0 0 0 0 0 1 1 0 0 0 0 0 0 0 0 0
0 0 0 0 0 0 0 0 0 0 1 1 0 1 0 0 0 0 0 0 0 0 0
0 0 0 0 0 0 0 0 0 0 1 1 0 1 0 0 0 0 0 0 0 0 0
0 0 0 0 0 0 0 0 0 1 0 1 0 1 0 0 0 0 0 0 0 0 0
0 0 0 0 0 0 0 0 0 1 1 1 1 1 0 0 0 0 0 0 0 0 0
0 0 0 0 0 0 0 0 0 0 0 0 0 0 0 0 0 0 0 0 0 0 0
1 1 0 0 0 0 1 1 1 0 0 0 1 1 0 0 0 0 1 1 0 0 0
1 0 0 0 0 0 0 0 0 0 0 0 0 0 1 1 0 0 1 0 0 0 0
1 1 0 1 0 0 0 1 1 0 0 0 1 1 0 0 0 0 1 1 0 1 0
1 1 1 1 1 0 1 1 1 1 1 0 1 1 1 1 1 0 1 1 1 1 1
0 0 0 0 0 0 0 0 0 0 0 0 0 0 0 0 0 0 0 0 0 0 0
0 0 0 1 0 0 0 0 0 0 0 0 0 0 0 0 0 0 0 0 0 1 0
0 0 0 0 0 0 0 0 0 0 0 0 0 0 0 0 0 0 0 0 0 0 0
0 0 0 0 1 0 0 0 0 0 0 0 0 0 0 0 0 0 0 0 0 0 1
1 1 1 1 1 0 0 0 0 0 0 0 0 0 0 0 0 0 1 1 1 1 1
0 0 0 0 0 0 0 0 0 0 0 0 0 0 0 0 0 0 0 0 0 0 0
1 1 0 0 0 0 1 1 0 0 0 0 1 1 1 0 0 0 1 1 0 0 0
1 0 0 0 0 0 0 0 1 0 0 0 0 0 0 0 0 0 1 0 0 0 0
1 1 0 1 0 0 0 0 1 1 0 0 0 1 1 1 0 0 1 1 0 1 0
1 1 1 1 1 0 1 1 1 1 1 0 1 1 1 1 1 0 1 1 1 1 1
0 0 0 0 0 0 0 0 0 0 0 0 0 0 0 0 0 0 0 0 0 0 0
0 0 0 1 0 0 0 0 0 0 1 1 0 0 0 0 0 0 0 0 0 1 0
0 0 0 0 0 0 0 0 0 0 1 1 0 0 0 0 0 0 0 0 0 0 0
0 0 0 0 1 0 0 0 0 0 1 1 0 0 0 0 0 0 0 0 0 0 1
1 1 1 1 1 0 0 0 0 0 1 1 0 0 0 0 0 0 1 1 1 1 1
0 0 0 0 0 0 0 0 0 0 1 1 0 0 0 0 0 0 0 0 0 0 0
0 0 1 0 0 0 0 0 0 0 0 1 0 0 0 0 0 0 0 0 1 0 0
0 0 0 1 0 0 0 0 0 0 1 1 0 0 0 0 0 0 0 1 0 0 0
0 0 0 0 1 1 0 0 0 0 1 1 0 0 0 0 0 0 1 0 0 0 0
0 0 0 0 0 0 1 1 0 0 0 1 0 0 0 0 1 1 0 0 0 0 0
0 0 0 0 0 0 0 0 0 0 1 1 0 0 1 1 0 0 0 0 0 0 0
0 0 0 0 0 0 1 1 0 0 0 1 0 0 0 0 1 1 0 0 0 0 0
0 0 0 0 1 1 0 0 0 0 1 1 0 0 0 0 0 0 1 0 0 0 0
0 0 0 1 0 0 0 0 0 0 1 0 0 0 0 0 0 0 0 1 0 0 0
0 0 1 0 0 0 0 0 0 0 1 1 0 0 0 0 0 0 0 0 1 0 0
0 1 0 0 0 0 0 0 0 0 1 1 0 0 0 0 0 0 0 0 1 0 0
0 1 0 0 0 0 0 0 0 0 0 1 0 0 0 0 0 0 0 1 0 0 0
0 0 1 0 0 0 0 0 0 0 1 0 0 0 0 0 0 0 1 0 0 0 0
0 0 0 1 0 0 0 0 0 0 0 0 0 0 0 0 1 1 0 0 0 0 0
0 0 0 0 1 1 0 0 0 0 0 0 0 0 1 1 0 0 0 0 0 0 0
0 0 1 0 0 0 1 1 1 0 1 0 1 1 0 0 0 0 0 0 0 0 0
0 0 1 0 0 0 0 0 0 0 1 0 0 0 0 0 0 0 0 0 0 0 0
0 0 1 0 0 0 0 0 1 1 1 1 1 0 0 0 0 0 0 0 0 0 0
0 0 1 0 0 0 0 1 0 1 1 1 0 1 0 0 1 0 1 1 0 1 1
0 0 0 0 0 0 1 0 0 1 1 1 0 0 1 0 0 1 1 1 1 1 1
1 0 1 1 1 0 0 0 0 1 1 1 0 0 0 0 0 1 1 0 1 1 1
0 0 0 0 0 0 0 0 0 1 0 1 0 0 0 0 0 1 1 1 0 1 1
0 0 1 0 0 0 0 0 0 1 0 1 0 0 0 0 0 1 1 1 1 1 1
0 0 1 0 0 0 0 0 0 1 0 1 0 0 0 0 0 1 1 0 0 0 0
0 0 1 0 0 0 0 0 1 1 0 1 1 0 0 0 0 0 0 0 0 0 0
0 0 0 0 0 0 0 0 0 0 0 0 0 0 0 0 0 0 0 0 0 0 0
0 0 1 1 1 0 0 0 0 0 1 0 0 0 0 0 0 0 0 0 0 0 0
0 0 1 1 1 0 1 0 1 0 0 0 1 0 1 0 1 0 1 0 1 0 1
0 0 1 1 1 0 0 0 0 0 0 0 0 0 1 0 1 0 1 0 1 0 0
0 0 0 0 0 0 0 0 0 0 0 0 0 0 1 0 1 0 0 0 0 0 0
0 0 0 0 0 0 0 0 1 1 1 1 1 0 0 0 0 0 0 0 0 0 0
0 0 0 0 0 0 1 1 1 1 1 1 1 1 1 0 0 0 0 0 0 0 0
0 0 0 0 1 1 1 0 0 0 0 0 0 0 1 1 1 0 0 0 0 0 0
0 0 0 1 1 0 0 0 0 0 0 0 0 0 0 0 1 1 0 0 0 0 0
0 0 1 1 0 1 0 0 0 0 0 0 0 0 0 1 0 1 1 0 0 0 0
0 1 1 0 0 1 1 0 0 0 0 0 0 0 1 1 0 0 1 1 0 0 0
0 1 0 0 0 1 0 1 0 0 0 0 0 1 0 1 0 0 0 1 0 0 0
0 1 0 0 0 1 0 0 1 0 0 0 1 0 0 1 0 0 0 1 0 0 0
0 0 0 0 0 1 0 0 0 1 0 1 0 0 0 1 0 0 0 0 0 0 0
0 0 0 0 0 1 0 0 0 0 1 0 0 0 0 1 0 0 0 0 0 0 0
0 0 0 0 0 1 0 0 0 0 0 0 0 0 0 1 0 0 0 0 0 0 0
0 0 0 0 0 0 0 1 0 0 1 0 1 0 0 0 0 0 0 0 0 0 0
0 1 1 1 1 0 0 1 1 1 1 1 0 1 0 0 1 1 1 1 0 0 0

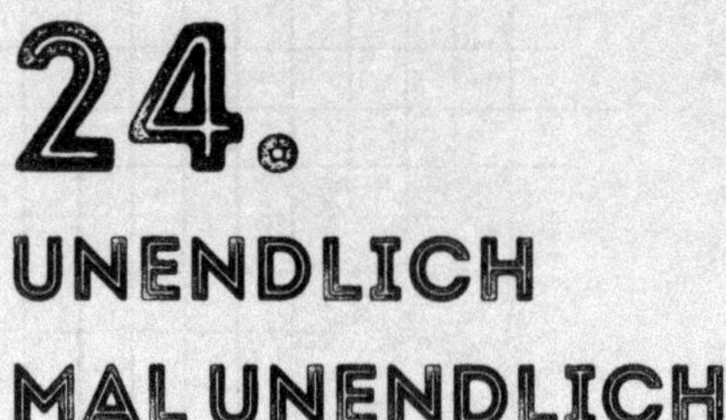

24. Unendlich mal unendlich

Als Josef und Maria nach Bethlehem kamen, fanden sie dort keinen Raum in der Herberge. Grund dafür war bekanntlich die Neugier von Kaiser Augustus: Er wollte die Anzahl all derer herausfinden, die zahlen mussten, das heißt der Steuerzahler. Wegen dieser Volkszählung gab es allerorts Umtriebe und übervolle Häuser.

Alles wäre anders gekommen, wenn es in Bethlehem ein Hotel mit unendlich vielen Zimmern gegeben hätte. In so einem Hotel findet man immer Platz, oder?

Eines Abends kommt ein müder Wandersmann zu einem Hotel mit unendlich vielen Zimmern und bittet um Aufnahme. Doch der Portier sagt: „Alles ist ausgebucht."

„Wie bitte? Wie denn das bei unendlich vielen Zimmern?"

„So ist es", beharrt der Portier, „wir haben unendlich viele Gäste. Alle Zimmer sind belegt."

Damit hat der Wandersmann nicht gerechnet. Er lässt den Kopf hängen. Doch plötzlich jubelt er: „Kein Problem – es gibt noch ein Plätzchen."

„Ah ja?"

„Jawohl! Wecken Sie Ihre Gäste. Jeder soll vor seine Zimmertür treten. Dann müssen alle gleichzeitig um eins weiter zum nächsten Zimmer aufrücken und da hineingehen. So findet jeder wieder Platz, und für mich ist das erste Zimmer frei."

Der Portier ist erstaunt über so viel Scharfsinn und über die unschätzbaren Vorteile seines Hotels, von denen er bisher nichts wusste. „Jetzt

brauche ich keine Angst mehr vor Neuankömmlingen zu haben", ruft er begeistert, „mit diesem Verfahren hätten auch Maria und Josef bei mir Unterschlupf gefunden."

„So ist es", antwortet der Wandersmann.

Der Portier will gerade per Durchsage die Gäste wecken, da hält ein Bus vor dem Hotel.

„Auch die werden wir unterkriegen", denkt er. Allerdings ist es ein besonderer Bus – aus ihm steigen unendlich viele Menschen. Und alle wollen ein Zimmer!

„Die werden mir den Kopf einschlagen", jammert der Portier, „denn auf einmal unendlich viel Platz im Hotel schaffen, das kann ich nicht." Da die Neuankömmlinge laut „Wir haben reserviert" rufen, will der Portier in den unendlich tiefen Hotelkeller fliehen.

„Kein Grund zur Panik", sagt der Wandersmann, „das kriegen wir hin."

„Und wie?"

„Ganz einfach. Wecke endlich deine unendlich vielen Hotelgäste und lass sie vor ihre Zimmertüren treten. Dann verdoppeln wir die Zimmernummern: Derjenige, der die Nummer 1 hat, bekommt jetzt Nummer 2, der mit der Nummer 2 bekommt Nummer 4, der Gast aus Nummer 3 zieht weiter zur Nummer 6 und so fort."

Der Portier denkt nach. „Ja, das lässt sich machen. Und wenn ich es richtig verstehe, bleiben bei diesem Verfahren Zimmer unbelegt, nämlich die Nummern 1, 3, 5 und so weiter ... Die werden übersprungen."

„So ist es. Es entstehen unendlich viele Lücken, und die können mit den Neuankömmlingen gefüllt werden. Alle werden Platz finden!"

Ein großartiges Hotel, nicht wahr? Ein Hotel mit wunderbaren Eigenschaften. Daran sehen wir: Sobald das Unendliche ins Spiel kommt, gelten die gewohnten Gesetze nicht mehr. 1 plus 1 ist nicht mehr gleich 2, nein, sondern unendlich plus unendlich gibt wieder unendlich. Das Unendliche umfasst unendlich viele Unendlichkeiten und bleibt dabei, wie es ist – nämlich unendlich.

Deshalb lässt sich mit der Unendlichkeit nicht nur ein Problem, es lassen sich unendlich viele Probleme lösen. Obdachlose, geburtenstarke Jahrgänge, Flüchtlinge – alle finden ihren Platz, keiner muss draußen bleiben. „Oh", rufe ich deshalb aus, „oh, dass wir doch die Unendlichkeit begriffen ... und bereit wären, ein klein wenig aufzurücken."

ZUM WEITERDENKEN

- Es ist nicht leicht, sich die Unendlichkeit vorzustellen. Unsere Vorstellung hat ja schon mit vielen anderen Dingen Schwierigkeiten – etwa mit der Weite des Weltalls oder der Winzigkeit von Atomen. Aber in der Bibel lesen wir immer wieder, dass Gott das, was für uns unfassbar ist, im Griff hat:
- „Blick doch zum Himmel auf und zähle die Sterne, wenn du es kannst!" (1. Mose 15,5)
- „Und bei euch sind selbst die Haare auf dem Kopf alle gezählt." (Matthäusevangelium 10,30)
- „Im Haus meines Vaters gibt es viele Wohnungen." (Johannesevangelium 14,2)
- Das heißt: Auch der Geringste unter uns ist Gott wichtig und wird seinen Platz finden. Egal, wie viele und wie unterschiedlich wir sind – wenn wir nur wollen, werden wir bei ihm unterkommen.

Der Mangel, der in unserer Welt herrscht, erschreckt mich. Aber du, Herr, hast genug für alle. Bewahre uns davor, andere von deinen Segnungen auszuschließen, und zeige uns, wie wir teilen können!

INFORMATIONEN

- Diese Geschichte geht auf den Mathematiker David Hilbert zurück. Man spricht deshalb von „Hilberts Hotel". Er wollte damit seinen Studenten die Eigenheiten des Unendlichen verdeutlichen. Übrigens wären auch unendlich viele Busse, von denen jeder unendlich viele Reisegäste hat, für Hilberts Hotel kein Problem. Selbst für diesen Fall gibt es Verfahren, mit denen man jedem Gast ein Zimmer zuweisen kann.

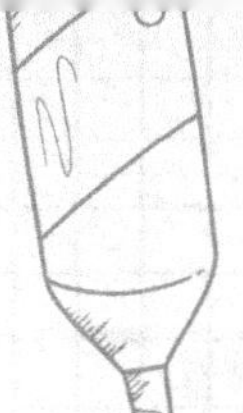

25.
FISCHFANG

Mathematiker sind verspielt. Den ganzen gestrigen Nachmittag lag ich auf dem Teppich und habe folgendes Gebilde aus Legosteinen gebastelt. Schau es dir kurz an – dann rate, aus wie vielen Bausteinen es besteht!

Natürlich wollen wir uns nicht mit Raten begnügen, sondern die Anzahl der Bausteine auch exakt bestimmen. Wir könnten sie abzählen, aber das ist zu langwierig. Mathematiker sparen gerne ihre Kräfte, die sie ja zum Spielen brauchen ...

Kommt man irgendwie schneller zum Ziel? Betrachte das Konstruktionsprinzip des Dreiecks: Die oberste Etage besteht aus nur einem Stein, die nächste aus zwei Steinen, dann drei, dann vier ... Da mein Bauwerk insgesamt 17 Etagen hat, müsste man folgende Summe berechnen:

1 + 2 + 3 + ... + 15 + 16 + 17

Wie dumm, dass ich meinen Taschenrechner gerade verlegt habe. Kann ich das auch ohne Maschine rauskriegen? Es gibt einen alten Trick, bei dem man die Anzahl der Bausteine einfach verdoppelt:

Dieses neue Gebilde hat in jeder Etage 18 Steine – insgesamt also 17 Etagen mal 18 Steine. Um die gesuchte Anzahl zu erhalten, genügt es, von 17 mal 18 die Hälfte zu nehmen. Eine Kleinigkeit für jemanden, der das große Einmaleins beherrscht! Doch da ich mir die Sache so einfach wie möglich machen will, rechne ich so:

$17 \cdot 18 : 2 = 17 \cdot 9 = 17 \cdot 10 - 17 = 153$

Endlich kann ich mein Ergebnis verkünden: Die Summe der ersten 17 natürlichen Zahlen ergibt 153. Da dies der Anzahl Steine in meinem Dreieck mit 17 Etagen entspricht, sagen die Mathematiker: 153 ist die siebzehnte Dreieckszahl.

Die Zahl 153 interessiert mich! Eine Eigenschaft haben wir herausgefunden – gibt es noch andere? Nun, Mathematiker spielen nicht nur gerne mit Legosteinen, sondern auch mit Ziffern, und beim Spielen kommen wir auf die Idee, die Ziffern von 153 zu addieren:

$1 + 5 + 3 = 9$

Das sieht nicht nach etwas Besonderem aus, aber wir können ja weiterspielen. Wir könnten zum Beispiel die Ziffern vor dem Addieren quadrieren, das heißt, wir multiplizieren die einzelnen Ziffern mit sich selbst und zählen sie dann zusammen. Die Rechnung ist nicht allzu schwierig:

$$\begin{aligned} 1^2 + 5^2 + 3^2 &= 1 + 25 + 9 \\ &= 35 \end{aligned}$$

Auch dieses Ergebnis ist nicht gerade außergewöhnlich. Gehen wir also noch einen Schritt weiter und erheben die Ziffern zur dritten Potenz. Danach addieren wir sie. Für diese Rechnung muss man sich schon etwas mehr Mühe geben:

$$\begin{aligned} 1^3 + 5^3 + 3^3 &= 1 + 125 + 27 \\ &= 153 \end{aligned}$$

Das ist nun aber verblüffend! Die Rechnung ergibt wieder die ursprüngliche Zahl! Anders ausgedrückt: Wenn ich die Ziffern der Zahl 153 zur dritten Potenz erhebe und die Ergebnisse addiere, erhalte ich wieder

153. Eine kuriose Eigenschaft, für die die Mathematiker auch einen Namen haben. Sie sagen: 153 ist eine Armstrong-Zahl.

Die 153 hat's offensichtlich in sich, und wer weiß, vielleicht steckt noch mehr in ihr. Für das Folgende muss man wissen, was das Ausrufezeichen in der Mathematik bedeutet, etwa in dem Ausdruck „5!". Die Mathematiker nennen eine solche Operation „Die Fakultät bilden". Die Fakultät einer natürlichen Zahl wird gebildet, indem man alle natürlichen Zahlen bis zu dieser Zahl miteinander multipliziert, also z. B. $5! = 1 \cdot 2 \cdot 3 \cdot 4 \cdot 5$.

Für diese Operation nun hat man herausgefunden:

$$\begin{aligned} 1! + 2! + 3! + 4! + 5! &= 1 + 1 \cdot 2 + 1 \cdot 2 \cdot 3 + 1 \cdot 2 \cdot 3 \cdot 4 + 1 \cdot 2 \cdot 3 \cdot 4 \cdot 5 \\ &= 1 + 2 + 6 + 24 + 120 \\ &= 153 \end{aligned}$$

Auf Deutsch: Die Summe der Fakultäten der ersten fünf natürlichen Zahlen ergibt 153.

Wir haben somit drei Eigenschaften der 153 entdeckt, die diese Zahl zu etwas Besonderem machen, und wahrscheinlich gibt es noch mehr davon. So ist das mit der Mathematik: Sie gleicht einem Meer, an dessen Rand wir spazieren gehen. Wenn man gut hinschaut, findet man entzückende Dinge – etwa ein glitzerndes Steinchen oder eine Muschel. Manch einer wagt sich auch im Boot aufs Meer hinaus, ist geduldig, hartnäckig und fördert aus der Tiefe so allerhand zutage – köstliche Fische, schillernde Meerestiere. Ich finde, dass wir mit der 153 und ihren Eigenschaften so einen Fang gemacht haben.

Allerdings muss man sich auf seiner Suche zwischendurch eine Pause gönnen. Man kann sich nicht ständig mit Mathematik beschäftigen. Mir schwirrt vom vielen Rechnen auch schon der Kopf, und ich möchte mich jetzt einem anderen Thema zuwenden. Lass uns noch ein wenig zur Bibel kommen! Auch die Bibel kann man mit einem Meer vergleichen, einem weiten, unauslotbaren Ozean. Viele ihrer Schätze liegen gut sichtbar am Ufer, da muss man nicht lange suchen, man kann sich einfach nach ihnen bücken und sich an ihnen erfreuen. Ich denke dabei an Verse wie: „Dein Wort ist eine Leuchte vor meinem Fuß und ein Licht auf meinem Weg" (Psalm 119,105) oder „Jahwe ist mein Hirt, mir fehlt es an nichts" (Psalm 23,1). Wie schön kann man sich das vorstellen, es fließt direkt ins Herz und wärmt uns.

Aber die Bibel birgt auch Schätze, die in tiefster Tiefe liegen, um die man sich geduldig bemühen muss wie ein Fischer, der nächtelang sein

Netz auswirft. Diese Texte müssen wieder und wieder gelesen werden, ich muss sie in mir tragen, sie im Herzen bewegen.

Man kann Kommentare zurate ziehen, darf auch mal den Pastor fragen oder sonst einen Bruder oder eine Schwester. „Herr", bete ich, „bitte schließe mir dein Wort auf, zeige mir, was du mir dadurch sagen willst."

Ich will mir eine Geschichte der Bibel anschauen, die beides hat: einfache und schwierige Seiten. Es ist eine Geschichte, die auch etwas mit Meer und Fischfang zu tun hat. Sie spielt kurz nach der Auferstehung unseres Heilandes am See Genezareth, der wegen seiner Größe das „galiläische Meer" genannt wird. Einige der Jünger sind dort zusammengekommen. Sie machen einen desorientierten Eindruck. Sie wissen nicht, wo ihr Meister ist, wissen nicht, wie es weitergehen soll. Noch dazu haben sie Hunger. Da macht Petrus, der ja so etwas wie der Anführer der Truppe ist, den Vorschlag: „Ich gehe fischen."

Die anderen sind einverstanden und begleiten ihn. Mit einem ihrer Boote rudern sie aufs Wasser hinaus. Da sie Leute vom Fach sind, können wir annehmen, dass sie die Sache souverän angehen und die Netze da auswerfen, wo man mit einem guten Fang rechnen kann. Sie versuchen auch dies und jenes, fischen hier und da – doch ohne Erfolg. Eine ganze Nacht lang rackern sie sich ab, dennoch bleibt das Netz leer. Schließlich treten sie gegen Morgen, durchgefroren und müde, die Rückfahrt an.

Als sie sich dem Ufer nähern, steht da jemand. Noch ist es dämmrig, die Gestalt ist schwer zu erkennen. „Kinder", ruft der Unbekannte den Jüngern zu, „Kinder, habt ihr vielleicht etwas zu essen dabei?" Die Jünger antworten mit einem knappen „Nein" und spüren wohl wieder ihren leeren Magen. Der Unbekannte spricht: „Werft das Netz auf der rechten Seite des Bootes aus! Dort werdet ihr welche finden."

Weiß es dieser Mann besser als die erfahrenen Fischer? Würde sich ein weiterer Versuch wirklich lohnen? Schließlich ist das Auswerfen und Einholen des Netzes mit mühsamer Arbeit verbunden. Sollten sie es nicht besser sein lassen?

Den Männern fehlt die Kraft, darüber nachzudenken, sie befolgen die Anweisung des Fremden. Und tatsächlich – er hat recht. Mit einem Mal ist das Netz voller Fische. Der Fang ist so gewaltig, dass sie ihn nicht ins Boot ziehen können. Mit einem Mal ist den Jüngern auch klar, dass die Person am Ufer kein Unbekannter ist. „Es ist der Herr", sagt Johannes. Als Petrus das hört, freut er sich so sehr, dass er ins Wasser springt. So schnell wie

nur möglich will er bei Jesus sein. Die anderen folgen ihm im Boot, das Netz hinter sich herziehend.

Jetzt schau, wie es bei Jesus ist: Er hat schon alles vorbereitet. Er ist gar nicht auf den Fang der Jünger angewiesen. Am Ufer brennt ein Feuer, darauf brutzeln Fische, Brot gibt es auch. „Holt ein paar von den Fischen, die ihr gerade gefangen habt!“, sagt Jesus, denn die Jünger dürfen auch etwas beitragen. Petrus eilt sofort los, um den Auftrag auszuführen. Und nun aufgepasst, was in der Bibel steht:

„Da ging Petrus zum Boot und zog das Netz an Land. Und obwohl es mit 153 großen Fischen gefüllt war, zerriss es nicht.“ (Johannesevangelium 21,11)

Hoppla – haben wir richtig gehört? Große, nahrhafte Fische haben die Jünger aus der Tiefe des Sees ans Tageslicht gefördert, Fische, die auf dem Markt viel Geld bringen würden: insgesamt 153 Exemplare. Zufällig begegnen wir wieder der Zahl, über die wir vorhin gesprochen haben. Oder ist es gar kein Zufall?

Über die Jahrhunderte hinweg hat es die Gelehrten beschäftigt, warum diese Zahl in der Bibel steht. Der heilige Augustinus zerbrach sich den Kopf, ebenso der Kirchenvater Cyrill von Alexandrien und viele andere. Auch ich bin neugierig geworden und frage mich:

- Warum haben die Jünger die Fische überhaupt gezählt? Hätte es nicht genügt festzustellen, dass der Fang außerordentlich groß war?
- Und warum hat der Evangelist Johannes die Zahl aufgeschrieben? Warum war ihm das so wichtig?
- Wussten die Jünger etwas über die mathematischen Eigenschaften der Zahl? Oder war sie ihnen aus einem anderen Grund bemerkenswert?
- Kann es sein, dass die Zahl 153 nicht nur eine mathematische, sondern auch eine andere Bedeutung hat? Will uns der Bibeltext mit der Zahl nur eine Anzahl mitteilen oder etwas darüber hinaus?

Eines ist sicher: Auch wenn die Menschen damals nicht wussten, dass 153 eine Dreieckszahl, eine Armstrong-Zahl und eine durch Fakultäten darstellbare Zahl ist, Gott wusste es. Er wusste schon damals, als er Johannes sein Evangelium aufschreiben ließ, dass wir uns heute darüber Gedanken machen würden. Er wusste, dass es Menschen geben würde – Menschen wie dich und mich –, die von der Zahl 153 fasziniert sind.

Ich will mir die Sache mal so zurechtlegen: Dadurch, dass die Zahl 153 einerseits einen wunderbar großen Fischfang beschreibt und andererseits viele bemerkenswerte mathematische Eigenschaften hat, werde ich daran erinnert, wie wichtig die Bibel ist. Sie ist wie die Mathematik voll erstaunlicher Dinge, ein Buch, in dem ich immer wieder Neues entdecken kann. Das also ruft mir die Zahl 153 zu: Erforsche die Bibel, suche in ihr, hab auch auf Kleinigkeiten acht! Tauche ein in den Ozean des Wortes Gottes!

ZUM WEITERDENKEN

- Informiere dich im Internet über die Zahl 153!
- Lies in einem Bibelkommentar die Erklärungen zur Fischfanggeschichte aus Johannes 21!

Herr, es tut so gut, in den Ozean deines Wortes einzutauchen. Hab Dank für die tägliche geistliche Nahrung, die wir darin finden – und für die großartigen Schätze, die sich immer wieder vor uns auftun.

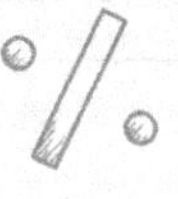

26.

VIERER-GESCHICHTE

Beni hat sich die Zahlengeschichten seines Lehrers angehört und Geschmack an der Zahlenwelt gefunden. Allerdings auf seine Weise! Jede Woche nimmt er sich eine Zahl vor und sammelt, was zu ihr passt. Diese Woche ist es die Zahl 4. Auf dem Schulweg denkt er über sie nach, in der Pause fragt er seine Klassenkameraden aus: „Was wisst ihr über die 4?" Auch seine Lehrer befragt er, und zwar nicht nur den Mathelehrer. Kaum ist er wieder zu Hause, ruft er seinen Großvater an, der viele Dinge weiß. Auch die Meinung seiner Eltern ist ihm wichtig. Alle Antworten schreibt er auf Kärtchen, von denen er nach ein paar Tagen einen dicken Stapel hat.

„Was machen wir jetzt damit?," fragt er seine Schwester am Wochenende.

Paula, der immer etwas einfällt, sagt: „Lass uns doch eine Geschichte daraus machen!"

„Eine Geschichte?"

„Ja, eine Vierer-Geschichte! Dazu müssen wir die Kärtchen nur in die richtige Reihenfolge bringen."

Schon macht sie sich an die Arbeit, breitet die Kärtchen auf dem Teppich aus, schiebt sie hin und her und murmelt dabei. Beni schaut zu. Paulas Idee gefällt ihm!

„Meine Geschichte beginnt mit den vier Musketieren", sagt sie. „Die vier Musketiere zogen einmal in alle vier Himmelsrichtungen, um ihr Glück zu suchen. Der erste fand schon bald ein vierblättriges Kleeblatt, damit setzte er sich zu einem vierpunktigen Kiefernprachtkäfer und wartete, bis es um vier Uhr Kaffee gab."

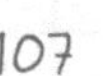

„Ein gemütlicher Typ!“, meint Beni. „Hier hast du noch mehr Kärtchen. Was kommt dann?“

„Der zweite Musketier ging in die Stadt, wo er ein Konzert mit den ‚Vier Jahreszeiten‘ von Vivaldi hörte. Das gefiel ihm so gut, dass er Musiker werden wollte. Doch da er etwas vierschrötig war und nicht mal ein viersaitiges Banjo spielen lernte, konnte man ihn nur als vierte Stimme im Chorgesang gebrauchen.“

Nun legt Beni ein paar Kärtchen auf den Teppich und sagt: „Ich finde, der dritte Musketier sollte Naturwissenschaftler werden und die vier Grundkräfte der Physik, die vier Bindungen des Kohlenstoffatoms und die vierte Dimension erforschen.“

„Wirklich?“, wirft Paula ein. „Ich dachte, er wollte sich als Künstler mit dem Vierfarbenproblem beschäftigen!“

„Das Vierfarbenproblem kommt aus der Mathematik“, protestiert Beni.

„Mag sein“, lenkt Paula ein. „Leider brachte er es auch darin zu nichts, weil er nie lange auf seinen vier Buchstaben sitzen konnte. Dann erlebte er vieles, was man in vier Zeilen nicht sagen kann. Schließlich entdeckte er die vier Evangelien und begriff: Der Mensch lebt nicht nur von Wissenschaft!“

„Wie kam der denn darauf?“

„Das steht so ähnlich im Matthäusevangelium, Kapitel 4, Vers 4, und Kapitel 4, Vers 4 des Lukasevangeliums sagt’s auch: Der Mensch braucht noch ganz andere Dinge.“

„Und das wäre?“

„Er braucht Gottes Wort! Wenn ich Gottes Stimme höre, dann ernährt mich das von innen und macht mich glücklich. Das kann keine Wissenschaft, weder Chemie noch Physik noch Mathematik. Auch Zahlen, so interessant und nützlich sie sein mögen, sind nicht alles im Leben ... Aber jetzt bist du dran. Erzähle mir, was mit dem vierten Musketier passierte!“

4 Jahreszeiten

4 Himmelsrichtungen

N
W O
S

vierstimmiger Chorgesang

4-Eck

Gespräch unter 4 Augen

4 Evangelien

4-blättriges Kleeblatt

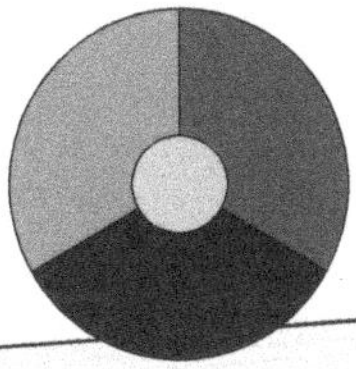

4 Elemente

Vierfarbenproblem

Vierzeiler
„In 4 Zeilen was zu sagen"
von Heinz Erhardt

die 4 ernsten Gesänge

auf seinen 4 Buchstaben sitzen

in seinen 4 Wänden wohnen

ZUM WEITERDENKEN

- Erzähle Paulas und Benis Geschichte zu Ende!
- Nimm eine andere Zahl – zum Beispiel die 5 – und erforsche sie! Notiere dir Stichpunkte und erzähle Geschichten dazu! Kannst du eine Fünfer-Geschichte erfinden, die zum Nachdenken über Gott anregt?
- „Der Mensch lebt nicht nur von Brot, sondern von jedem Wort, das aus Gottes Mund kommt." (Matthäus 4,4)
- „Der Mensch lebt nicht nur von Brot." (Lukas 4,4)

Dir, Herr Jesus, ist alle Macht im Himmel und auf Erden gegeben. Du hast aus dem Zöllner Zachäus einen neuen Menschen gemacht, sodass er das veruntreute Geld vierfach zurückzahlte. Du hast Lazarus, der vier Tage im Grab gelegen hatte, von den Toten erweckt. Ja, und eines Tages wirst du wiederkommen und deine Kinder aus allen vier Himmelsrichtungen zusammenbringen. Ich danke dir, dass ich diese Hoffnung haben darf!

AUFLÖSUNGEN

5. Zählen in der Bibel

Wir wollen die prozentuale Verkleinerung von Gideons Heer berechnen. Zuerst wurde das Heer um 22 000 Krieger verkleinert. Wie viel Prozent sind 22 000 von 32 000? Ich rechne:

$\frac{22\,000}{32\,000} \cdot 100\,\% = 68{,}75\,\%$

Dann wurde das Heer um 9700 Krieger verkleinert. Wie viel Prozent sind 9700 von 10 000? Ich rechne:

$\frac{9700}{10\,000} \cdot 100\,\% = 97\,\%$

Insgesamt wurde das Heer um 31 700 Krieger verkleinert. Wie viel Prozent sind 31 700 von 32 000? Ich rechne:

$\frac{31\,700}{32\,000} \cdot 100\,\% \approx 99{,}06\,\%$

Man kann also sagen: Gideons Heer wurde zuerst um 68,75 Prozent, dann um 97 Prozent verkleinert. Insgesamt gesehen ist das eine Verkleinerung um 99,06 Prozent. Die 300 Krieger sind also nur noch 0,94 Prozent (d. h. knapp 1 Prozent) des ursprünglichen Heeres.

6. Flügelschläge zählen

Wie oft schlägt der Goldregenpfeifer seine Flügel auf der Reise von Alaska nach Hawaii? Jede Stunde hat 60 · 60 = 3600 Sekunden. Da die Reise 88 Stunden dauert und der Goldregenpfeifer pro Sekunde zweimal die Flügel schlägt, rechnet man:

$88 \cdot 3600 \cdot 2 = 633\,600$

Der Goldregenpfeifer schlägt auf seiner Reise (ungefähr) 633 600-mal die Flügel.

Wie viel Prozent seines Körpergewichtes verbraucht der Goldregenpfeifer pro Stunde? Zu Beginn der Reise wiegt er 200 Gramm, am Schluss 130 Gramm. Bei einer exponentiellen Abnahme des Gewichtes (was der Wirklichkeit ziemlich nahe kommt) gilt:

$200 \cdot a^{88} = 130$

a ist der Faktor, mit dem man aus dem aktuellen Gewicht das Gewicht nach einer Stunde errechnen kann. Um *a* zu bestimmen, löst man obige Gleichung auf:

$$a = \sqrt[88]{\frac{130}{200}} \approx 0,995116702$$

Nun kann man den gesuchten Prozentsatz wie folgt berechnen:

$$\frac{200 - 200 \cdot a}{200} \cdot 100\ \% = (1 - a) \cdot 100\ \% \approx 0,4883\ \%$$

Dieser Prozentsatz ist während des ganzen Fluges gültig. Der Goldregenpfeifer verbraucht also in jeder Flugstunde ungefähr ein halbes Prozent seines aktuellen Körpergewichtes.

12. Von 1 bis 100

Die Formel zur Berechnung der Summe aller natürlichen Zahlen von 1 bis *n* lautet:

$$s_n = \frac{n \cdot (n+1)}{2}$$

Man kann diese Formel zur Aufgabenlösung benutzen: Summe aller natürlichen Zahlen ...

... von 1 bis 100 : $s_{100} = \frac{100 \cdot 101}{2} = 50 \cdot 101 = 5050$

... von 1 bis 200: $s_{200} = \frac{200 \cdot 201}{2} = 100 \cdot 201 = 20\,100$

... von 1 bis 500: $s_{500} = \frac{500 \cdot 501}{2} = 250 \cdot 501 = 125\,250$

... von 1 bis 999: $s_{999} = \frac{999 \cdot 1000}{2} = 999 \cdot 500 = 499\,500$

... von 1 bis 1000: $s_{1000} = \frac{1000 \cdot 1001}{2} = 500 \cdot 1001 = 500\,500$

Manchmal allerdings ist das Verwenden von Formeln wie Schießen mit Kanonen auf Spatzen. Das letzte Ergebnis erhält man viel schneller, wenn man zum vorletzten Ergebnis einfach 1000 addiert

19. So viele Begnadigungen

Um die Situation zu vereinfachen, wollen wir erst mal nur von 10 Zellen und 10 Ministern ausgehen. Eine Tabelle kann die Situation veranschaulichen. Dabei soll „x" eine Betätigung der Zellentür, also entweder Öffnen oder Schließen, bedeuten.

Zellen-Nr.	1	2	3	4	5	6	7	8	9	10
1. Diener	x	x	x	x	x	x	x	x	x	x
2. Diener		x		x		x		x		x
3. Diener			x			x			x	
4. Diener				x				x		
5. Diener					x					x
6. Diener						x				
7. Diener							x			
8. Diener								x		
9. Diener									x	
10. Diener										x
Endzustand	auf	zu	zu	auf	zu	zu	zu	zu	auf	zu

Eine Tür ist am Schluss geöffnet, wenn die Anzahl der Betätigungen der Tür ungerade ist (denn nach wiederholtem „Auf-Zu" muss am Schluss noch ein „Auf" kommen). Dies ist bei den Zellentüren mit den Nummern 1, 4 und 9 der Fall – und das sind, wie der Zahlenkenner bemerkt, die Quadratzahlen zwischen 1 und 10. Zufall? Nein – wie man leicht überprüfen kann, wenn man nicht von 10, sondern z. B. von 20 Zellen und 20 Dienern ausgeht. Und wie man es mit einigen Anstrengungen auch exakt mathematisch beweisen kann.

Was bedeutet das für unsere Geschichte? Die Prinzessin, die das Prinzip durchschaut hat, wird am Sonntag nur die Insassen begnadigen, deren Zellentür-Nummer eine Quadratzahl ist. Glücklich also derjenige, an

dessen Tür eine der Zahlen 1, 4, 9, 16, 25, 36, 49, 64, 81, 100, 121, 144, 169, 196, 225, 256, 289, 324, 361, 400, 441, 484, 529, 576, 625, 676, 729, 784, 841, 900, 961 steht, denn das sind die Quadrate der Zahlen 1 bis 31. Die nächste Quadratzahl $32^2 = 1024$ spielt keine Rolle mehr, da sie bereits über 1000 liegt.

31 Begnadigungen sind allerdings angesichts des großen Platzmangels recht wenig. Der König sollte sich etwas anderes einfallen lassen!

20. Das Duell

Berechnung der dritten Wurzel aus 28 mit der Näherungsformel.
Da $\sqrt[3]{27} = 3$ und $28 - 27 = 1$ kann man rechnen:

$$\sqrt[3]{28} \approx 3 + \frac{1}{3} \cdot \frac{1}{27} \cdot 3 = 3 + \frac{1}{27} = 3{,}037037\ldots$$

Mit einem Taschenrechner, der die dritte Wurzel ziehen kann, kann man das kontrollieren:

$$\sqrt[3]{28} = 3{,}036588\ldots$$

Bis zur zweiten Stelle nach dem Komma stimmen die Ziffern beider Zahlen überein, und eine Rundung auf die dritte Stelle nach dem Komma liefert das gleiche Ergebnis 3,037. Die Näherung ist also ganz brauchbar.

Allerdings hat die Formel beim Ziehen der dritten Wurzel aus 1729,03 auf ein exakteres Ergebnis geführt. Das kann man sich leicht erklären: Der Abstand zwischen der Zahl, aus der Feynman die 3. Wurzel ziehen musste (1729,03), und der Zahl, aus der er direkt die dritte Wurzel ziehen konnte (1728), ist mit 1,03 für so große Zahlen ziemlich klein.

21. Die Taxi-Nummer

So könnte die Tabelle aussehen, mit der man Ramanujans Behauptung überprüfen kann:

n		**w**	**2**	**3**	**4**	**5**	**6**	**7**	**8**	**9**	**10**	**11**	**12**
	n^3	**1**	**8**	**27**	**64**	**125**	**216**	**343**	**512**	**729**	**1000**	**1331**	**1728**
1	**1**	2	9	28	65	126	217	344	513	730	1001	1332	**1729**
2	**8**		16	35	72	133	224	351	520	737	1008	1339	1736
3	**27**			54	91	152	243	370	539	756	1027	1358	1755
4	**64**				128	189	280	407	576	793	1064	1395	1792
5	**125**					250	341	468	637	854	1125	1456	1853
6	**216**						432	559	728	945	1216	1547	1944
7	**343**							686	855	1072	1343	1674	2071
8	**512**								1024	1241	1512	1843	2240
9	**729**									1458	**1729**	2060	2457
10	**1000**										2000	2331	2728
11	**1331**											2662	3059
12	**1728**												3456

Die Zahlen in den weißen Feldern entstehen durch Addition der Kubikzahlen. 1729 kommt als einzige zweimal darin vor.

23. Die Arecibo-Botschaft

Um die Primfaktorzerlegung von 1679 zu bestimmen, kann man rascher so vorgehen: Man prüft, ob 1679 durch 2 teilbar ist. Ergebnis: Nein. Das bedeutet aber auch, dass 1679 nicht durch 4, 6, 8 usw. teilbar sein kann, da diese Zahlen ja Vielfache von 2 sind.

Nun fährt man fort und prüft, ob 1679 durch 3 teilbar ist. Ergebnis: Nein. Also kann 1679 auch nicht durch die Vielfachen von 3 teilbar sein.

Man muss also nur prüfen, ob 1679 durch 2, 3, 5, 7, 11, 13, 17, 19, 23 teilbar ist. Erst bei 23 erhält man das Ergebnis: Ja. Die Division von 1679 durch 23 ergibt 73, und da 73 auch eine Primzahl ist, hat man damit die gesuchte Primfaktorzerlegung gefunden.

BILDNACHWEIS

Die Illustrationen wurden, soweit nicht anders angegeben, von Matthias Mross erstellt.

Außerdem wurden verwendet:

© freepik.com: Zahlen-Figuren; Post-it (alicia_mb); Doktorhut (flaticon); Saturn (3ab2ou); Raabe (dgim-studio); Bibel und Ballonfahrt (rawpixel.com)

S. 17, Münzstapel: Sarah Mroß; Lörrach
S. 36, die Prim-Zwillinge: Sarah Mroß; Lörrach
S. 49, Zerah Colburn: https://archive.org/details/amemoirzerahcol01colbgoog/page/n12/mode/2up
S. 67, Weltkugel: pixabay.com
S. 81, Abakus: pixabay.com
S. 89, Platonische Körper: CV Dillenburg
S. 91, Keplers Weltsystem:
https://commons.wikimedia.org/wiki/File:Kepler-solar-system-1.png
S. 109, Karteikärtchen: © freepik.com

Abenteuerhörspiele mit den Rothstein-Kids

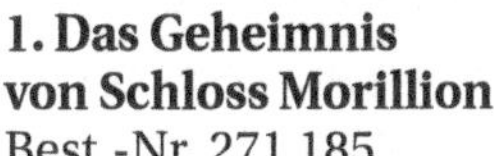

1. Das Geheimnis von Schloss Morillion
Best.-Nr. 271 185

2. Das Geheimnis der rätselhaften Briefe
Best.-Nr. 271 186

3. Das Geheimnis des schwarzen Falken
Best.-Nr. 271 187

4. Das Geheimnis der Totenmaske
Best.-Nr. 271 461

5. Das Geheimnis der Sieben Meere
Best.-Nr. 271 462

6. Das Geheimnis des verschwundenen Manuskripts
Best.-Nr. 271 542

7. Das Geheimnis des Siegelrings
Best.-Nr. 271 543

8. Das Geheimnis der verhängnisvollen Erbschaft
Best.-Nr. 271 625

9. Das Geheimnis der Lady Blunt
Best.-Nr. 271 594

Die Jubiläums-Doppelfolge
10. Das Geheimnis der verschollenen Bilder
Best.-Nr. 271 672

Die Testament7-Reihe

Band 1: Das Buch der Wahrheit
Gb., 192 S., 13,5 x 20,5 cm
Best.-Nr. 271 582
ISBN 978-3-86353-582-7

Paul und Dominik kommen einer uralten Legende auf die Spur, als sie in einem verlassenen Stollen eine unglaubliche Entdeckung machen. Dabei geraten sie in Lebensgefahr, denn offenbar will jemand mit Macht verhindern, dass die Wahrheit über den Orden der Archivare ans Licht kommt.

Band 2: Das Geheimnis von Villstein
Gb., 192 S., 13,5 x 20,5 cm
Best.-Nr. 271 583
ISBN 978-3-86353-583-4

Dominiks verschwundener Vater taucht überraschend wieder auf. Hat er eine Chance verdient? Gleichzeitig sucht Dominik mit seinen Freunden nach dem mysteriösen zweiten Testament. Plötzlich machen sie eine explosive Entdeckung, die das Ende von Villstein bedeuten könnte. Die Zeit läuft ab!

Band 3: Das Pergament des dritten Zeugen
Gb., 208 S., 13,5 x 20,5 cm
Best.-Nr. 271 584
ISBN 978-3-86353-584-1

Eine unerwartete Einladung führt Sarah und ihre Freunde auf ein Schloss nach Schottland. Hals über Kopf stürzen sie in eine Rettungsaktion um einen verschollenen Professor, und Sarah muss sich ihrer größten Angst stellen. Allmählich bemerken die vier Freunde, dass Cardiff Castle nicht das ist, was es zu sein scheint. Gerade als sie auf eine heiße Spur stoßen, fallen sie einer Artefakt-Schmugglerbande in die Hände ...

LESEPROBE

Testament7: Das Buch der Wahrheit

Der erste Tag im neuen Zuhause, in Villstein. Eigentlich hatte Paul sich vorgenommen, besonders lange auszuschlafen. Stattdessen erwachte er früh am Morgen. Eine unerklärliche Unruhe trieb ihn aus dem Bett. Er wusste nicht, was es war. Verschlafen schlich er zum Fenster. Draußen war es noch ganz dämmrig. Gerade so, wie sich Pauls Kopf anfühlte. Er verspürte das dringende Bedürfnis, frische Luft zu schnappen, um einen klaren Kopf zu kriegen. Er streifte sein Hoodie über und setzte sein Basecap auf, natürlich mit der Kappe nach hinten. Als er die Haustür öffnete, blinzelte ihm die Sonne mit ihren ersten warmen Strahlen entgegen. Es war ein wunderschöner Sonntagmorgen. Paul kniff die Augen zusammen und wollte die Tür hinter sich schließen, als er Mutters Stimme hörte.

„Guten Morgen, Paul.“ Mutter gähnte. „So früh schon wach? Ich dachte, du wolltest ausschlafen?“

Paul zuckte mit den Schultern. „Ja, ich weiß. Konnte leider nicht. Irgendwas ... beunruhigt mich. Ich weiß auch nicht ...“

Mutter runzelte die Stirn. „Warte mal kurz.“ Sie verschwand in der Küche und kam mit ihrem Handy zurück. „Hier, nimm bitte mein Handy mit. Falls irgendwas ist. Und fahr nicht zu weit, in einer Stunde wollen wir frühstücken.“

„Okay. Alles klar. Bis dann.“ Paul bestieg sein BMX-Bike und machte sich auf den Weg. Eigentlich hatte er gar keine Ahnung, wohin. Er fuhr einfach so drauflos und erreichte wenige Minuten später einen großen Parkplatz. Von hier aus führten mehrere Wanderwege in den angrenzenden Villsteiner Wald und die nähere Umgebung.

Einer der Wege führte sogar rund um den Villsteiner See. „Oh toll, sogar einen richtigen See gibt es hier. Ob wir da mal schwimmen gehen oder Boot fahren?“, murmelte Paul. Er orientierte sich auf der großen, holzgerahmten Wanderkarte und wählte einen kleinen Weg, der zu einem der Zuflüsse des Sees führte. Gemütlich radelte er so dahin und dachte bei sich selbst:

„Eigentlich ist es hier gar nicht mal so schlecht. In meiner alten Heimatstadt gibt es keinen Wald." Paul hielt neben einer Bank an und setzte sich. Er lehnte sich zurück und schloss die Augen. Der Wind rauschte in den Baumwipfeln, die Singvögel begrüßten sich, und irgendwo hämmerte ein Specht gegen einen Baum. Paul flüsterte vor sich hin: „Hier gefällt's mir." Als er so entspannt dasaß, musste er wieder an sein altes Zuhause denken und an seinen verzweifelten Versuch, einen Freund zu finden. Da fiel ihm Ferdinand ein. Paul verzog das Gesicht und erfühlte seine Narbe am rechten Arm. Vielleicht sollte er komplett auf Freunde verzichten. Er wäre eh nie gut genug. Paul atmete die frische Luft tief ein und lauschte dem Gezwitscher.

Plötzlich zerriss ein Schrei die friedliche Atmosphäre. Paul öffnete die Augen und sah sich um. Nichts zu sehen. Da, schon wieder! Es klang wie ein ... Hilfeschrei. Paul stand auf, kletterte auf die Bank und suchte die Gegend ab. Er konnte niemanden entdecken. Doch jetzt war der Hilfeschrei ganz deutlich zu hören. Er kam aus der Richtung, in die Pauls Weg führte.

Ohne zu zögern, sprang Paul auf sein Fahrrad. Er folgte dem Weg über Stock und Stein. Unterwegs rasten ihm tausend Gedanken durch den Kopf. Was, wenn er gar nicht helfen konnte? Was, wenn er zu klein oder zu schwach wäre? Oder wenn es am Ende nur ein Trick war, um ihn anzulocken? Gerade noch rechtzeitig bemerkte er einen tiefen Abhang am Wegrand. Er bremste scharf und kam knapp davor zum Stehen.

Als er nach unten sah, traute er seinen Augen nicht. Da stand ein schwarzer Mercedes. Aber nicht nur irgendein schwarzer Mercedes. Es schien genau derselbe SUV zu sein, der auf der Umzugsfahrt schon ständig in der Nähe gewesen war und einen Milchshake abbekommen hatte. Paul musste schmunzeln. Doch das Grinsen verging ihm ganz schnell wieder, als er sah, was sich da unten abspielte.

Dort im Tal konnte er einen kleinen Bergfluss ausmachen, der ziemlich viel Wasser führte. Nahe des Ufers schien jemand im Wasser festzusitzen. Ein Junge ruderte hilflos mit den Armen. Er schrie um Hilfe. Immer wieder tauchte er unter. Paul konnte sehen, wie es dem armen Kerl immer schwerer fiel, sich über Wasser zu halten. Er würde jeden Moment ertrinken. Ein weißhaariger, großer, kräftiger Mann im schwarzen Anzug stand am Ufer und hielt einen Ast übers Wasser. Scheinbar wollte er dem ertrinkenden Jungen helfen. Doch bei genauerem Hinsehen bemerkte Paul, dass der Mann dem Jungen gar nicht half. Stattdessen rief er ihm immer wieder zu: „Sag mir sofort, wo du ihn versteckt hast! Dann helfe ich dir." Der arme Junge konnte gar nicht reden, ihm schwappte immer wieder Wasser ins Gesicht.

Paul spürte förmlich, wie sein Puls anstieg. Zorn über den Mann und Angst um den Jungen wechselten sich ab. Was sollte er denn jetzt machen? Der schwarze Mann war viel stärker. Und Pauls Arm war ja auch noch nicht ganz verheilt. Er drehte sich langsam um. Vielleicht sollte er einfach nach Hause fahren und so tun, als wäre nichts geschehen. Doch in diesem Augenblick schrie der ertrinkende Junge wieder, nur unterbrochen vom Blubbern: „Verschwinden Sie! ... Hilfe!"

Pauls Hände wurden schweißnass. Er schluckte einen dicken Kloß runter, griff nach dem Fahrradlenker und stellte sich an den Rand des Abgrunds. Oh Mann, war das steil. Er entdeckte eine hügelige Spur, die um die Wurzeln herum nach unten führte. Ähnliche Strecken war er mit seinem BMX-Bike schon gefahren. Im Heizkraftwerk.

„Jetzt oder nie", keuchte Paul. Er fuhr vorsichtig in die Spur. Jetzt nahm er die Hand von der Bremse und raste laut schreiend den Abhang hinunter.

„Ahhhh."

Der schwarze Mann schien völlig erschrocken zu sein. Er ließ den Ast fallen, sprang in sein Auto und fuhr davon. Mit vollem Tempo sauste Paul über den kleinen Waldweg, geradewegs aufs Ufer zu. Bei dieser Geschwindigkeit hatte er Mühe, zum Stehen zu kommen. Mit aller Kraft bremste er, rutschte halb ins Wasser und kippte schließlich um.

Als Paul sich wieder aufgerappelt hatte, schaute er sich nach dem Jungen um. Er war weg. „Was? Oh nein!" Wo war er denn geblieben? Fieberhaft suchte er die Wasseroberfläche ab. Da entdeckte er eine Hand, die herumwirbelte. Sofort sprang Paul ins Wasser und tauchte unter. Nach einigen Schwimmzügen konnte er etwas Zappelndes ausmachen und schwamm direkt darauf zu. Ehe er ankam, musste er noch einmal Luft holen. Als er auftauchte, war der andere Junge auch gerade zu sehen. Er konnte schon gar nicht mehr schreien. Paul holte tief Luft und tauchte wieder unter. Im trüben Wasser konnte er kaum etwas erkennen. Allerdings sah er, dass der Junge nur mit einem Bein strampelte. Das andere war offenbar in seinem Fahrrad eingeklemmt, das wiederum irgendwo festhing. Mit einiger Mühe zog Paul das eingeklemmte Bein aus dem Fahrradrahmen. Jetzt entfernte sich der andere Junge auf einmal. Paul tauchte wieder auf. Der soeben gerettete arme Kerl hielt sich krampfhaft an einem abgebrochenen Ast fest und trieb davon.

Der Junge, schon ganz schwach, schrie: „Ich kann nicht schwimmen. Hilfe!"

„Auch das noch!" Paul spürte einen stechenden Schmerz in seinem rechten Arm. Die holprige Abfahrt und das Tauchen in der Strömung waren zu viel gewesen. Der Bruch war zwar weitgehend verheilt, aber noch immer schmerzte er bei starker Anstrengung. Egal! Jetzt war er – Paul – der einzige Mensch, der helfen konnte. Er schluckte den Schmerz hinunter und nahm noch einmal alle Kraft zusammen. Dann schwamm er mit mehreren kräftigen Zügen hinter dem Jungen her. Das war gar nicht so einfach. Die Strömung des Flusses war hier schon ziemlich stark. Dann griff er nach dem Ast, hielt sich mit beiden Händen daran fest und benutzte ihn wie eine Schwimmnudel. Mit den Beinen steuerte er den Ast samt Passagier schließlich zum Rand des Flusses. Endlich erreichten sie das rettende Ufer. Völlig erschöpft und klitschnass hievten sich die beiden aus dem Wasser und ließen sich ins Gras fallen.

„Uff. Danke!", schnaufte der gerettete Junge.

Paul hielt sich den schmerzenden Arm und keuchte: „Klar doch, kein Ding."

„So ein Mist", stöhnte der Junge, „jetzt hab ich nicht nur mein Fahrrad eingebüßt, sondern auch 'nen Schuh. Ich bin übrigens Dominik."

„Hi Dom, ich heiße Paul."

„Dom? Hm, so hat mich auch noch keiner genannt. Klingt cool. Dom."

Paul begann zu zittern. „Mir ist kalt."

„Kein Wunder, Mann. Wir sind ja auch total durchnässt."

„Ich rufe am besten mal meine Mutter an." Paul kramte in seiner Hosentasche nach dem Handy. „Au Backe. Das Teil war wohl nicht wasserdicht." Paul überlegte und kratzte sich dabei an der Stirn. „Du sag mal, wo wohnst'n du eigentlich?"

„Ziemlich genau auf der anderen Seite von Villstein."

„Oh. Pass auf, ich nehme dich erst mal mir zu mir, okay? Da kannst du was Trocknes von mir kriegen. Mein Zeug müsste dir eigentlich passen."

Dominik schien Einwände zu haben. „Meinst du, das ist okay für deine Eltern?"

„Aber klar. Los komm. Wir frieren uns sonst noch den Hintern ab." Gerade bemerkte Paul, dass dieser schöne Morgen hier im Wald doch etwas kühl war. „Aber vorher holen wir noch mein Bike ab." Die beiden Jungs machten sich auf den Weg, wieder flussaufwärts, zu der Stelle, an der die Rettungsmission begonnen hatte. Dort angekommen bekam Paul einen großen Schreck.

„Ey Mann, wo ist mein Fahrrad?"

Dominik und Paul suchten das ganze Ufer ab. Von dem BMX-Bike war nichts zu sehen. Offenbar hatte die Strömung das kleine Fahrrad fortgerissen. Traurig und frustriert machten sie sich auf den Heimweg.

Wenig später erreichten sie Pauls Zuhause. Seine Mutter erwartete ihren Sohn bereits. Als sie die Tür öffnete, bekam sie große Augen. Da standen zwei klitschnasse, zitternde Jungs vor ihrer Tür. Einer hatte nur einen Schuh an.

„Paul?" Seine Mutter starrte ihn ungläubig an.

„Darf ich vorstellen? Das ist Dominik."

Pauls Mutter versuchte, die Fassung wiederzuerlangen.

„Was ist passiert?"

„Ich glaube, ich war zufällig zur richtigen Zeit am richtigen Ort", antwortete Paul vor Kälte zitternd.

Seine Mutter machte große Augen. „Wie meinst du das?"

„Er hat mich gerettet", erklärte Dominik leise. „Ich ... ich wäre sonst ertrunken."

Pauls Vater, der das Türgespräch mitbekommen hatte, kam herbei und bat die beiden herein. Mutter holte Handtücher und trockene Kleidung. Anschließend lud sie Dominik zum Frühstück ein.

„Du kannst gern gemeinsam mit uns frühstücken, wenn du möchtest. Allerdings sollten wir wenigstens deine Eltern anrufen."

Mutter holte das Telefon.

„Ja, danke. Gerne." Dominik gab seiner Mutter Bescheid und machte sich wie ein Ausgehungerter über die Brötchen her. Paul und seine Eltern staunten nicht schlecht, während Dominik innerhalb kürzester Zeit fünf Brötchen verdrückte. Nachdem sich alle satt gegessen hatten, erzählten Paul und Dominik von ihrem morgendlichen Abenteuer.

Vater machte ein nachdenkliches Gesicht und sagte: „In der Bibel, im Buch des Propheten Jeremia 29,11, gibt es folgenden Ausspruch Gottes:

Denn ich kenne ja die Gedanken, die ich über euch denke, spricht der HERR, Gedanken des Friedens und nicht zum Unheil, um euch Zukunft und Hoffnung zu gewähren.

Paul, erinnerst du dich, was der Arzt im Krankenhaus zu dir sagte?"

Paul überlegte. „Ich glaube, er meinte, dass Gott mit mir noch etwas vorhabe."

Vater nickte. „In der Bibel lesen wir, dass Gott sich um seine Schöpfung kümmert. Das schließt uns Menschen natürlich ein. Ich glaube, er hatte einen Plan. Deshalb warst du heute Morgen so früh wach und wolltest radfahren. So kam es, dass du Dominik helfen konntest."

Pauls und Dominiks Kinnlade klappten runter.

Pauls Vater sagte leise: „Wir sollten unserem Herrn dafür danken." Dann faltete er die Hände, schloss die Augen und sprach:

„Lieber Herr Jesus, wir danken dir, dass du uns in deiner Hand hältst. Danke, dass du einen guten Plan mit unserem Leben hast, dass du Paul in den Wald geführt hast, um Dominik zu retten. Dir sei die Ehre! Amen."

Als Pauls Vater die Augen wieder öffnete, schaute Dominik gedankenverloren aus dem Fenster. „Früher haben wir das auch mal gemacht. Beten, meine ich. Meistens bei meiner Oma. Aber seit sie gestorben ist ..."

„Das ist sehr schade. Weißt du, Gott liebt uns und will gern für uns sorgen", erklärte Pauls Vater.